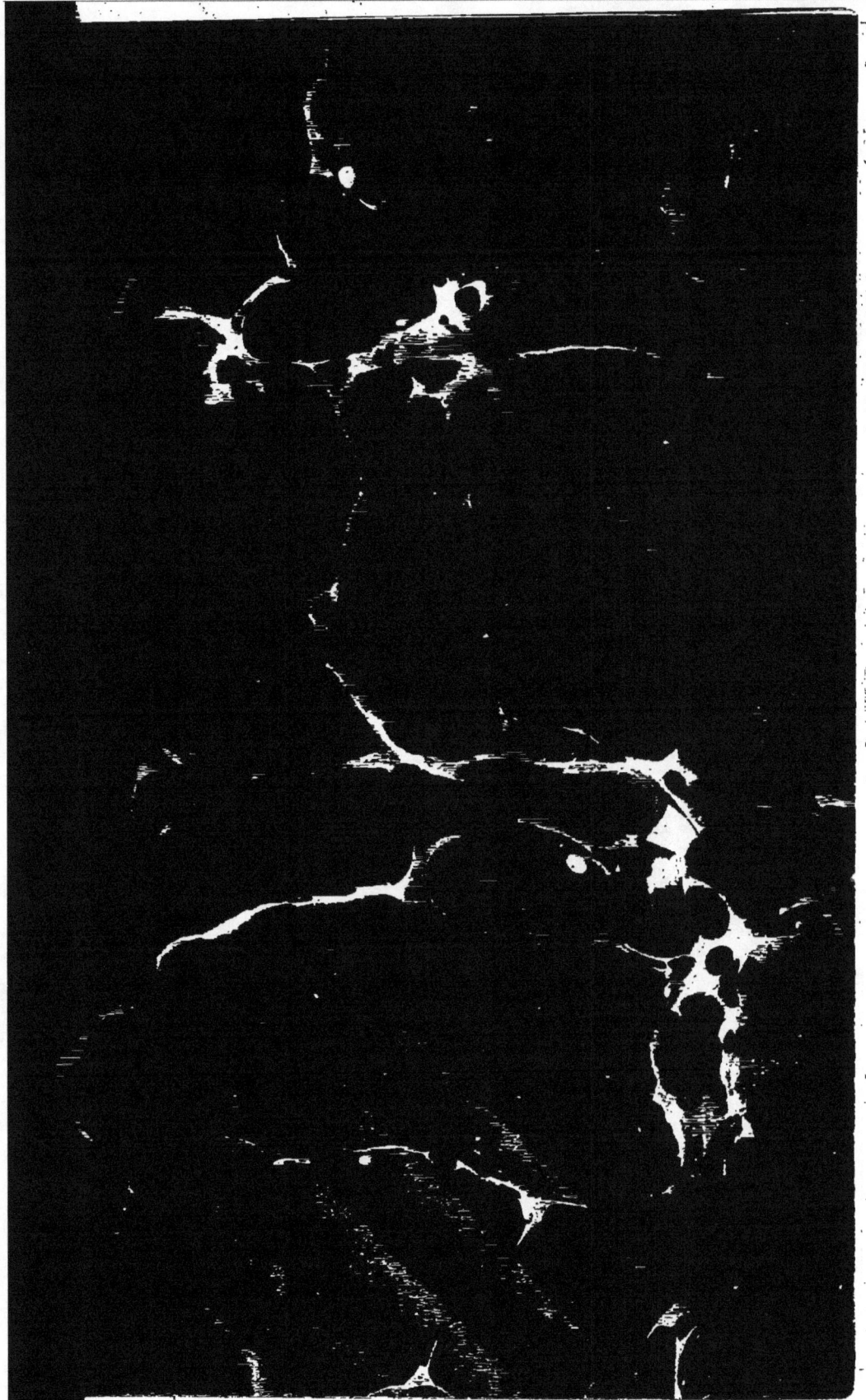

MAURICE

LE
MANNEQUIN D'OSIER

CALMANN LÉVY, ÉDITEUR

DU MÊME AUTEUR

Format grand in-18.

BALTHASAR.	1 vol.
LE CRIME DE SYLVESTRE BONNARD.	1 —
L'ÉTUI DE NACRE.	1 —
LE JARDIN D'ÉPICURE.	1 —
JOCASTE ET LE CHAT MAIGRE.	1 —
LE LIVRE DE MON AMI.	1 —
LE LYS ROUGE.	1 —
LES OPINIONS DE M. JÉRÔME COIGNARD.	1 —
LE PUITS DE SAINTE CLAIRE.	1 —
LA RÔTISSERIE DE LA REINE PÉDAUQUE.	1 —
THAÏS.	1 —
LA VIE LITTÉRAIRE.	4 —

HISTOIRE CONTEMPORAINE

I. — L'ORME DU MAIL.	1 vol.
II. — LE MANNEQUIN D'OSIER.	1 —

Droits de traduction et de reproduction réservés pour tous les pays, y compris la Suède et la Norvège.

IMPRIMERIE CHAIX, RUE BERGÈRE, 20, PARIS. — 10512-8-97.—(Encre Lorilleux).

HISTOIRE CONTEMPORAINE

LE

MANNEQUIN D'OSIER

PAR

ANATOLE FRANCE

DE L'ACADÉMIE FRANÇAISE

PARIS
CALMANN LÉVY, ÉDITEUR
ANCIENNE MAISON MICHEL LÉVY FRÈRES
3, RUE AUBER, 3

1897

LE MANNEQUIN D'OSIER[1]

I

Dans son cabinet de travail, au bruit clair et mécanique du piano sur lequel ses filles exécutaient, non loin, des exercices difficiles, M. Bergeret, maître de conférences à la Faculté des lettres, préparait sa leçon sur le huitième livre de *l'Enéide*. Le cabinet de travail de M. Bergeret n'avait qu'une fenêtre, mais grande, qui en occupait tout un côté et qui laissait entrer plus d'air que de lumière, car les croisées en étaient mal jointes et les vitres offusquées par un mur

---

1. Le volume qui précède a pour titre : *l'Orme du Mail.*

haut et proche. Poussée contre cette fenêtre, la table de M. Bergeret en recevait les reflets d'un jour avare et sordide. A vrai dire, ce cabinet de travail, où le maître de conférences aiguisait ses fines pensées d'humaniste, n'était qu'un recoin difforme, ou plutôt un double recoin derrière la cage du grand escalier dont la rotondité indiscrète, s'avançant vers la fenêtre, ne ménageait à droite et à gauche que deux angles déraisonnables et inhumains. Opprimé par ce monstrueux ventre de maçonnerie, qu'habillait un papier vert, M. Bergeret avait trouvé à peine, dans cette pièce hostile, en horreur à la géométrie et à la raison élégante, une étroite surface plane où ranger ses livres sur des planches de sapin, au long desquelles la file jaune des *Tübner* baignait dans une ombre éternelle. Lui-même, pressé contre la fenêtre, y écrivait d'un style glacé par l'air malin, heureux s'il ne trouvait pas ses manuscrits bouleversés et tronqués, et ses plumes de fer entr'ouvrant un bec mutilé ! C'était l'effet ordinaire du passage de madame et de mesdemoiselles Bergeret dans le cabinet du professeur où elles venaient écrire le linge et la dépense. Et madame Bergeret y déposait le mannequin sur lequel elle drapait les jupes taillées par elle. Il était là, debout, contre les éditions savantes de Catulle et de Pétrone, le mannequin d'osier, image conjugale.

M. Bergeret préparait sa leçon sur le huitième livre de *l'Enéide*, et il aurait trouvé dans ce travail, à défaut de joie, la paix de l'esprit et l'inestimable tranquillité de l'âme, s'il n'avait pas quitté les particularités intéressantes de métrique et de linguistique, auxquelles il se devait attacher uniquement, pour considérer le génie, l'âme et les formes de ce monde antique dont il étudiait les textes, pour s'abandonner au désir de voir de ses yeux ces rivages dorés, cette mer bleue, ces montagnes roses, ces belles campagnes où le poète conduit ses héros, et pour déplorer amèrement qu'il ne lui eût pas été permis, comme à Gaston Boissier, comme à Gaston Deschamps, de visiter les rives où fut Troie, de contempler les paysages virgiliens, de respirer le jour en Italie, en Grèce et dans la sainte Asie. Son cabinet de travail lui en parut triste, et un grand dégoût envahit son cœur. Il fut malheureux par sa faute. Car toutes nos misères véritables sont intérieures et causées par nous-mêmes. Nous croyons faussement qu'elles viennent du dehors, mais nous les formons au dedans de nous de notre propre substance.

Ainsi M. Bergeret, sous l'énorme cylindre de plâtre, composait sa tristesse et ses ennuis en songeant que sa vie était étroite, recluse et sans joie, que sa femme avait l'âme vulgaire et n'était plus belle, que ses filles ne l'aimaient pas et que les combats d'Enée et de Turnus étaient insipides. Il fut distrait de ces pensées par la venue de M. Roux, son élève, qui, faisant son année de service militaire, se présenta au maître en pantalon rouge et capote bleue.

— Hé! dit M. Bergeret, voici qu'ils ont travesti mon meilleur latiniste en héros !

Et comme M. Roux se défendait d'être un héros :

— Je m'entends, dit le maître de conférences. J'appelle proprement héros un porteur de briquet. Si vous aviez un bonnet à poil, je vous nommerais grand héros. C'est bien le moins qu'on flatte un peu les gens qu'on envoie se faire tuer. On ne saurait les charger à meilleur marché de la commission. Mais puissiez-vous, mon ami, n'être jamais immortalisé par un acte héroïque, et ne devoir qu'à vos connaissances en métrique latine les louanges des hommes ! C'est l'amour de mon pays qui seul m'inspire ce vœu sincère. Je me suis persuadé, par l'étude de l'histoire, qu'il n'y avait guère d'héroïsme que chez les vaincus et dans les déroutes.

Les Romains, peuple moins prompt à la guerre qu'on ne pense et qui fut souvent battu, n'eurent des Decius qu'aux plus fâcheux moments. A Marathon, l'héroïsme de Cynégire est situé précisément au point faible pour les Athéniens qui, s'ils arrêtèrent l'armée barbare, ne purent l'empêcher de s'embarquer avec toute la cavalerie persane qui venait de se rafraîchir dans la plaine. Il ne paraît pas d'ailleurs que les Perses aient fait grand effort dans cette bataille.

M. Roux posa son briquet dans un coin du cabinet et s'assit sur la chaise que lui offrit son maître.

— Il y a, dit-il, quatre mois que je n'ai entendu une parole intelligente. Moi-même j'ai concentré depuis quatre mois toutes les facultés de mon esprit à me concilier mon caporal et mon sergent-major par des largesses mesurées. C'est la seule partie de l'art militaire que je sois parvenu à posséder parfaitement. C'est aussi la plus importante.

Cependant j'ai perdu toute aptitude à comprendre les idées générales et les pensées subtiles. Et vous me dites, mon cher maître, que les Grecs ont été vaincus à Marathon et que les Romains n'étaient pas belliqueux. Ma tête se perd.

M. Bergeret répondit tranquillement :

— J'ai dit seulement que les forces barbares n'avaient pas été entamées par Miltiade. Quant aux Romains, ils n'étaient pas essentiellement militaires, puisqu'ils firent des conquêtes profitables et durables, au rebours des vrais militaires qui prennent tout et ne gardent rien, comme, par exemple, les Français.

» Ceci encore est à noter que, dans la Rome des rois, les étrangers n'étaient pas admis à servir comme soldats. Mais les citoyens, au temps du bon roi Servius Tullius, peu jaloux de garder seuls l'honneur des fatigues et des périls, y convièrent les étrangers domiciliés dans la ville. Il y a des héros ; il n'y a pas de peuples de héros ; il n'y a pas d'armées de héros. Les soldats n'ont jamais marché que sous peine de mort. Le service militaire fut odieux même à ces pâtres du Latium qui acquirent à Rome l'empire du monde et la gloire d'être déesse. Porter le fourniment leur fut si dur que le nom de ce fourniment, *ærumna*, exprima ensuite chez eux l'accablement, la fatigue du corps et de l'esprit, la misère, le malheur, les désastres. Bien menés, ils firent, non point des héros, mais de bons soldats et de bons terrassiers ; peu à peu ils conquirent le monde et le couvrirent de routes et de chaussées. Les Romains ne cherchèrent jamais la gloire : ils n'avaient pas d'imagination. Ils ne firent que des guerres d'intérêt, absolument nécessaires. Leur triomphe fut celui de la patience et du bon sens.

» Les hommes se déterminent par leur sentiment le plus fort. Chez les soldats, comme dans toutes les foules, le sentiment le plus fort est la peur. Ils vont à l'ennemi comme au moindre danger. Les troupes en ligne sont mises, de part et d'autre, dans l'impossibilité de fuir. C'est tout l'art des batailles. Les armées de la République furent victorieuses parce qu'on y maintenait avec une extrême rigueur les mœurs de l'ancien régime, qui étaient relâchées dans les camps des alliés. Nos généraux de l'an II étaient des sergents la Ramée qui faisaient fusiller une demi-douzaine de conscrits par jour pour donner du cœur aux autres, comme dit Voltaire, et les animer du grand souffle patriotique.

— C'est bien possible, dit M. Roux. Mais il y a autre chose. C'est la joie innée de tirer des coups de fusil. Vous savez, mon cher maître, que je ne suis pas un animal destructeur. Je n'ai pas de goût pour le militarisme. J'ai même des idées humanitaires très avancées et je crois que la fraternité des peuples sera l'œuvre du socialisme triomphant. Enfin j'ai l'amour de l'humanité. Mais, dès qu'on me fiche un fusil dans la main, j'ai envie de tirer sur tout le monde. C'est dans le sang...

M. Roux était un beau garçon robuste qui s'était vite débrouillé au régiment. Les exercices violents convenaient à son tempérament sanguin. Et comme il était, de plus, excessivement rusé, il avait, non pas pris le métier en goût, mais rendu supportable la vie de caserne, et conservé sa santé et sa belle humeur.

— Vous n'ignorez pas, cher maître, ajouta-t-il, la force de la suggestion. Il suffit de donner à un homme une baïonnette au bout d'un fusil pour qu'il l'enfonce dans le ventre du premier venu et devienne, comme vous dites, un héros.

La voix méridionale de M. Roux vibrait encore quand madame Bergeret entra dans le cabinet de travail, où ne l'attirait point d'ordinaire la présence de son mari. M. Bergeret remarqua qu'elle avait sa belle robe de chambre rose et blanche.

Elle étala une grande surprise de trouver là M. Roux ; elle venait, disait-elle, demander à M. Bergeret un livre de poésie, pour se distraire.

Le maître de conférences remarqua encore, sans y prendre d'ailleurs aucun intérêt, qu'elle était devenue tout à coup presque jolie, aimable.

M. Roux ôta de dessus un vieux fauteuil de molesquine le *Dictionnaire* de Freund et fit asseoir madame Bergeret. M. Bergeret considéra tour à tour les in-quarto poussés contre le mur et madame Bergeret qui y avait été substituée dans le fauteuil et il songea que ces deux groupes de substance, si différenciés qu'ils fussent à l'heure actuelle et si divers quant à l'aspect, la nature et l'usage, avaient présenté une similitude originelle et l'avaient longtemps gardée lorsque l'un et l'autre, le dictionnaire et la dame, flottaient encore à l'état gazeux dans la nébuleuse primitive.

— Car enfin, se disait-il, madame Bergeret nageait dans l'infini des âges, informe, inconsciente, éparse en légères lueurs d'oxygène et de carbone. Les molécules, qui devaient un jour composer ce lexique latin, gravitaient en même temps, durant les âges, dans cette même nébuleuse d'où devaient sortir enfin des monstres, des insectes et un peu de pensée. Il a fallu une éternité pour produire mon dictionnaire et ma femme, monuments de ma pénible vie, formes défectueuses, parfois importunes. Mon dictionnaire est plein d'erreurs. Amélie contient une âme injurieuse dans un corps épaissi. C'est pourquoi il n'y a guère à espérer qu'une éternité nouvelle crée enfin la science et la beauté. Nous vivons un moment et nous ne gagnerions rien à vivre toujours. Ce n'est ni le temps, ni l'espace qui fit défaut à la nature, et nous voyons son ouvrage !

Et M. Bergeret parla encore dans son cœur inquiet :

— Mais qu'est-ce que le temps, sinon les mouvements même de la nature, et puis-je dire qu'ils sont longs ou qu'ils sont courts ? La nature est cruelle et banale. Mais d'où vient que je le sais ? Et comment me tenir hors d'elle pour la connaître et la juger ? Je trouverais l'univers meilleur, peut-être, si j'y avais une autre place.

Et M. Bergeret, sortant de sa rêverie, se pencha pour assurer à la muraille l'amas chancelant des in-quarto.

— Vous êtes un peu bruni, monsieur Roux, dit madame Bergeret, et il me semble, un peu maigri. Mais cela ne vous va pas mal.

— Les premiers mois sont fatigants, répondit M. Roux. Évidemment, l'exercice à six heures du matin, dans la cour du quartier, par huit degrés de froid, est pénible, et l'on ne surmonte pas tout de suite les dégoûts de la chambrée. Mais la fatigue est un grand remède et l'abêtissement une précieuse ressource. On vit dans une stupeur qui fait l'effet d'une couche d'ouate. Comme on ne dort, la nuit, que d'un sommeil à tout moment interrompu, on n'est pas bien éveillé le jour. Et cet état d'automatisme léthargique où l'on demeure est favorable à la discipline, conforme à l'esprit militaire, utile au bon ordre physique et moral des troupes.

En somme, M. Roux n'avait pas à se plaindre. Mais il avait un ami, Deval, élève, pour le malais, de l'École des langues orientales, qui était malheureux et accablé. Deval, intelligent, instruit, courageux, mais roide de corps et d'esprit, gauche et maladroit, avait un sentiment précis de la justice qui l'éclairait sur ses droits et sur ses devoirs. Il souffrait de cette clairvoyance. Deval était depuis vingt-quatre heures à la caserne quand le sergent Lebrec lui demanda, dans des termes qu'il fallut adoucir pour l'oreille de madame Bergeret, quelle personne peu estimable avait bien pu donner le jour à un veau aussi mal aligné que le numéro 5. Deval fut lent à s'assurer qu'il était lui-même le veau numéro 5. Il attendit d'être consigné pour n'avoir plus de doute à ce sujet. Et même alors il ne comprit pas qu'on offensât l'honneur de madame Deval, sa mère, parce qu'il était lui-même inexactement aligné. La responsabilité inattendue de sa mère en cette circonstance contrariait son idéal de justice. Il en garde, après quatre mois, un étonnement douloureux.

— Votre ami Deval, répondit M. Bergeret, avait pris à contresens un discours martial, que je place parmi ceux qui ne peuvent que hausser le moral des hommes et exciter leur émulation en leur donnant envie de mériter les galons, afin de tenir à leur tour de semblables propos, qui marquent évidemment la supériorité de celui qui les tient sur ceux auxquels il les adresse. Il faut prendre garde de ne pas diminuer la prérogative des chefs armés, comme le fit, dans une circulaire récente, un ministre de la guerre civil et plein de civilité, urbain et plein d'urbanité, honnête homme qui, pénétré de la dignité du citoyen militaire, prescrivit aux officiers et aux sous-officiers de ne pas tutoyer leurs hommes, sans s'apercevoir que le mépris de l'inférieur est un grand principe d'émulation et le fondement de la hiérarchie. Le sergent Lebrec parlait comme un héros qui forme des héros. Il m'a été possible de rétablir sa harangue dans la forme originale; car je suis philologue. Eh bien, je n'hésite pas à dire que ce sergent Lebrec fut sublime en associant l'honneur d'une famille à l'alignement d'un conscrit dont la bonne tenue importe au succès des batailles, et en rattachant de la sorte, jusque dans ses origines, le numéro cinq au régiment et au drapeau...

» Après cela, vous me direz peut-être que,

donnant dans le travers commun à tous les commentateurs, je prête à mon auteur des intentions qu'il n'avait pas. Je vous accorde qu'il y eut une part d'inconscience dans le discours mémorable du sergent Lebrec. Mais c'est là le génie. On le fait éclater sans en mesurer la force.

M. Roux répondit en souriant qu'il croyait aussi qu'il y avait une certaine part d'inconscience dans l'inspiration du sergent Lebrec.

Mais madame Bergeret dit sèchement à M. Bergeret :

— Je ne te comprends pas, Lucien. Tu ris de ce qui n'est pas risible et l'on ne sait jamais si tu plaisantes ou si tu es sérieux. Il n'y a pas de conversation possible avec toi.

— Ma femme pense comme le doyen, dit M. Bergeret. Il faut leur donner raison à tous deux.

— Ah ! s'écria madame Bergeret, je te

conseille de parler du doyen ! Tu t'es ingénié à lui déplaire et maintenant tu te mords les doigts de ton imprudence. Tu as trouvé moyen encore de te brouiller avec le recteur. Je l'ai rencontré dimanche à la promenade, où j'étais avec mes filles ; et il m'a à peine saluée.

Elle se tourna vers le jeune soldat :

— Monsieur Roux, je sais que mon mari vous aime beaucoup. Vous êtes son élève préféré. Il vous prédit un brillant avenir.

M. Roux, basané, crépu, les dents éclatantes, sourit sans modestie.

— Monsieur Roux, persuadez à mon mari de ménager les gens qui peuvent lui être utiles. Le vide se fait autour de nous.

— Quelle idée, madame ! murmura M. Roux.

Et il détourna la conversation.

— Les paysans ont de la peine à tirer leurs trois ans. Ils souffrent. Mais on ne le sait pas, parce qu'ils n'expriment rien que d'une façon commune. Loin de la terre qu'ils aiment d'un amour animal, ils traînent leur douleur muette, monotone et profonde. Ils n'ont pour les distraire, dans l'exil et dans la captivité, que la peur des chefs et la fatigue du métier. Tout leur est étranger et difficile. Il y a dans ma compagnie deux Bretons qui n'ont pu retenir, après six semaines de leçons, le nom de notre colonel. Chaque matin, alignés devant le sergent, nous apprenons ce nom avec eux, l'instruction militaire étant la même pour tous. Notre colonel se nomme Dupont. Il en va ainsi de tous les exercices. Les hommes ingénieux et adroits y attendent indéfiniment les stupides.

M. Bergeret demanda si les officiers cultivaient, comme le sergent Lebrec, l'éloquence martiale.

— J'ai, répondit M. Roux, un capitaine tout jeune qui observe, au contraire, la plus exquise politesse. C'est un esthète, un rose-croix. Il peint des vierges et des anges très pâles, dans des ciels roses et verts. C'est moi qui fais les légendes de ses tableaux. Pendant que Deval est de corvée dans la cour du quartier, je suis de service chez mon capitaine qui me commande des vers. Il est charmant. Il s'appelle Marcel de Lagère, et il expose à l'OEuvre sous le pseudonyme de Cyne.

— Est-ce qu'il est aussi un héros? demanda M. Bergeret.

— Un saint Georges, répondit M. Roux. Il se fait une idée mystique du métier militaire. Il dit que c'est un état idéal. On va, sans voir, au but inconnu. On s'achemine, pieux, chaste et grave, vers des dévouements mystérieux et nécessaires. Il est exquis. Je lui apprends le vers libre et la prose rythmée. Il commence à faire des proses sur l'armée. Il est heureux, il est tranquille, il est doux. Une seule chose le désole, c'est le drapeau. Il trouve que le bleu, le blanc et le rouge en sont d'une violence inique. Il voudrait un drapeau rose ou lilas. Il a des rêves de bannières célestes. « Encore, dit-il avec mélancolie, si les trois couleurs partaient de la hampe, comme trois flammes d'oriflamme, ce serait supportable. Mais leur disposition perpendiculaire coupe les plis flottants avec une absurdité cruelle ! » Il souffre. Mais il est patient et courageux. Je vous répète que c'est un saint Georges.

— Sur le portrait que vous m'en faites, dit madame Bergeret, j'éprouve pour lui une vive sympathie.

Elle dit et regarda M. Bergeret avec sévérité.

— Mais les autres officiers, demanda M. Bergeret, ne les étonne-t-il pas?

— Nullement, répondit M. Roux. Au mess et dans les réunions, il ne dit rien. Il a l'air d'un officier comme un autre.

— Et les soldats, quelle idée se font-ils de lui ?

— Au quartier, les hommes ne voient jamais leurs officiers.

— Vous dînez avec nous, monsieur Roux, dit madame Bergeret. Ce sera un vrai plaisir que vous nous ferez.

Cette parole suggéra d'abord à M. Bergeret l'idée d'une tourte. Chaque fois que madame Bergeret faisait à l'improviste une invitation à dîner, elle commandait une tourte chez le pâtissier Magloire, et de préférence une tourte maigre, comme plus délicate. M. Bergeret se représenta donc, sans convoitise et par un pur effet de son intelligence, une tourte aux œufs ou au poisson, fumant dans un plat à filets bleus, sur la nappe damassée. Vision prophétique et vulgaire. Puis il songea qu'il fallait que madame Bergeret estimât singulièrement M. Roux pour le prier à dîner, car Amélie faisait rarement à un étranger les honneurs de sa table modique. Elle craignait avec raison la dépense et le tracas; les jours où elle donnait à dîner étaient signalés par des bruits d'assiettes brisées, par les cris d'épouvante et les larmes indignées de la jeune servante Euphémie, par une âcre fumée qui remplissait tout l'appartement et par une odeur de cuisine qui, pénétrant dans le cabinet de travail, incommodait M. Bergeret parmi les ombres d'Énée, de Turnus et de la timide Lavinie. Pourtant, le maître de conférences fut content de savoir que M. Roux, son élève, mangerait ce soir à sa table. Car il aimait le commerce des hommes et se plaisait aux longues causeries.

Madame Bergeret reprit :

— Vous savez, monsieur Roux, ce sera à la fortune du pot.

Et elle sortit pour donner des ordres à la jeune Euphémie.

— Mon cher ami, dit M. Bergeret à son élève, proclamez-vous toujours l'excellence du vers libre? Pour ma part, je sais que les formes poétiques varient selon les temps comme selon les lieux. Je n'ignore pas que le vers français a subi, dans le cours des âges, d'incessantes modifications et je puis, caché derrière mes cahiers de métrique, sourire discrètement du préjugé religieux des poètes, qui ne veulent point qu'on touche à l'instrument consacré par leur génie. Je remarque qu'ils ne donnent point la raison des règles qu'ils suivent, et j'incline à croire que cette raison ne saurait être cherchée dans le vers lui-même, mais plutôt dans le chant qui l'accompagnait primitivement. Enfin, je suis propre à concevoir les nouveautés pour cela même que je me laisse conduire par l'esprit scientifique qui, de nature, est moins conservateur que l'esprit artiste. Pourtant, je conçois mal le vers libre, dont la définition m'échappe. L'incertitude de ses limites me trouble et...

Un homme jeune encore, gracieux, aux fins traits de bronze, entra alors dans le cabinet du maître de conférences. C'était le commandeur Aspertini, de Naples, philologue, agronome, député au Parlement italien, qui, depuis dix ans, entretenait avec M. Bergeret une docte correspondance, à la manière des grands humanistes de la Renaissance et du xviie siècle, et qui ne manquait pas d'aller voir son correspondant ultramontain à chaque voyage qu'il faisait en France. Carlo Aspertini était grandement estimé par tout le monde savant pour avoir lu, dans un des rouleaux carbonisés de Pompéi, tout un traité d'Épicure. Maintenant il s'adonnait à l'agriculture, à la politique et aux affaires ; mais il aimait chèrement la numismatique, et ses mains élégantes avaient besoin de toucher des médailles. Ce qui l'attirait à ***, c'était, en même temps que le plaisir d'y trouver M. Bergeret, la volupté de revoir l'incomparable collection de monnaies antiques, léguée à la bibliothèque de la ville par Boucher de La Salle. Il y venait aussi collationner les lettres de

Muratori qui s'y trouvent. Ces deux hommes, que la science faisait concitoyens, se chargèrent de félicitations mutuelles. Puis, comme le Napolitain s'avisa qu'un militaire se tenait près d'eux, dans le *studio*, M. Bergeret l'avertit que ce soldat gaulois était un jeune philologue, plein de zèle pour l'étude de la langue latine.

— Cette année, ajouta M. Bergeret, il apprend, dans une cour de caserne, à mettre un pied devant l'autre. Et vous voyez en lui ce que notre brillant divisionnaire, le général Cartier de Chalmot, nomme l'outil tactique élémentaire, vulgairement un soldat. M. Roux, mon élève, est soldat. Il en sent l'honneur, ayant l'âme bien née. A vrai dire, c'est un honneur qu'il partage à cette heure avec tous les jeunes hommes de la fière Europe, et dont jouissent comme lui vos Napolitains, depuis qu'ils font partie d'une grande nation.

— Sans manquer au loyalisme qui m'attache à la maison de Savoie, répondit le commandeur, je reconnais que le service militaire et l'impôt importunent assez le peuple de Naples pour lui faire regretter parfois le bon temps du roi Bomba et la douceur de vivre sans gloire sous un gouvernement léger. Il n'aime ni payer, ni servir. Un législateur doit mieux comprendre les nécessités de la vie nationale. Mais vous savez que, pour ma part, j'ai toujours combattu la politique des mégalomanes et que je déplore ces grands armements qui arrêtent tout progrès intellectuel, moral et matériel dans l'Europe continentale. C'est une grande folie, et ruineuse, qui finira dans le ridicule.

— Je n'en prévois pas la fin, répondit M. Bergeret. Personne ne la désire, hors quelques sages sans force et sans voix. Les chefs d'État ne peuvent souhaiter le désarmement, qui rendrait leur fonction difficile et mal sûre, et leur ferait perdre un admirable instrument de règne. Car les nations armées se laissent conduire avec docilité. La discipline militaire les forme à l'obéissance et l'on ne craint chez elles ni insurrections, ni troubles, ni tumultes d'aucune sorte. Quand le service est obligatoire pour tous, quand tous les citoyens sont soldats ou le furent, toutes les forces sociales se trouvent disposées de manière à protéger le pouvoir, ou même son absence, comme on l'a vu en France.

M. Bergeret en était à ce point de ses considérations politiques lorsque éclata, du côté de la cuisine prochaine, un bruit de graisses répandues sur un brasier; le maître de conférences en induisit que la jeune Euphémie avait, selon la coutume des jours de gala, renversé sa casserole dans le fourneau, après l'y avoir imprudemment dressée sur une pyramide de charbons. Il reconnut qu'un tel fait se produisait avec la rigueur inexorable des lois qui gouvernent le monde. Une exécrable odeur de graillon pénétra dans le cabinet de travail et M. Bergeret poursuivit en ces mots le cours de ses idées :

— Si l'Europe n'était pas en caserne, on y verrait, comme autrefois, des insurrections éclater, soit en France, soit en Allemagne ou en Italie. Mais les forces obscures qui, par moments, soulèvent les pavés des capitales, trouvent aujourd'hui un emploi régulier dans les corvées de quartier, le pansement des chevaux et le sentiment patriotique.

» Le grade de caporal donne une issue convenablement ménagée à l'énergie des jeunes héros qui, libres, eussent fait des barricades pour se dégourdir les bras, et je viens précisément d'apprendre qu'un sergent du nom de Lebrec prononce des harangues sublimes. En blouse, ce héros aspirerait à la liberté. Portant l'uniforme, il aspire à la tyrannie et fait régner l'ordre. La paix intérieure est facile à maintenir dans les nations armées, et vous remarquerez que si, dans le cours de ces vingt-cinq dernières années, Paris, une fois, s'est quelque peu agité, c'est que le mouvement avait été communiqué par un ministre de la guerre. Un général avait pu faire ce qu'un tribun n'aurait pas fait. Et quand ce général fut détaché de l'armée, il le fut en même temps de la nation et perdit sa force. Que l'État soit monarchie, empire ou république, ses chefs ont donc intérêt à maintenir le service obligatoire pour tous, afin de conduire une armée au lieu de gouverner une nation.

» Le désarmement, qu'ils ne souhaitent pas, n'est pas désiré non plus par les peuples. Les peuples supportent très volontiers le service militaire, qui, sans être délicieux, correspond à l'instinct violent et ingénu de la plupart des hommes, s'impose à eux comme l'expression la plus simple, la plus rude et la plus forte du devoir, les domine par la grandeur et l'éclat de l'appareil, par l'abondance du métal qui y est employé, les exalte, enfin, par les seules images de puissance, de grandeur et de gloire qu'ils soient capables de se représenter. Ils s'y ruent en chantant; sinon, ils y sont mis de force. Aussi ne vois-je pas la fin de cet état honorable qui appauvrit et abêtit l'Europe.

— Il y a deux portes pour en sortir, répondit le commandeur Aspertini : la guerre et la banqueroute.

— La guerre! répliqua M. Bergeret. Il est visible que les grands armements la retardent en la rendant trop effrayante et d'un succès incertain pour l'un et l'autre adversaire. Quant à la banqueroute, je la prédisais, l'autre jour, sur un banc du Mail, à M. l'abbé Lantaigne, supérieur de notre grand séminaire. Mais il ne faut pas m'en croire. Vous avez trop étudié l'histoire du Bas-Empire, cher monsieur Aspertini, pour ne pas savoir qu'il y a, dans les finances des peuples, des ressources mystérieuses, dont la connaissance échappe aux économistes. Une nation ruinée peut vivre cinq cents ans d'exactions et de rapines, et comment supputer ce que la misère d'un grand peuple fournit de canons, de fusils, de mauvais pain, de mauvais souliers, de paille et d'avoine à ses défenseurs ?

— Ce langage est spécieux, répliqua le commandeur Aspertini. Pourtant, je crois discerner l'aurore de la paix universelle.

Et l'aimable Napolitain, d'une voix chantante, dit ses espérances et ses rêves, dans les roulements sourds du couperet, qui, de l'autre côté du mur, sur la table de cuisine, faisait, aux mains de la jeune Euphémie, un hachis pour M. Roux.

— Vous vous rappelez, monsieur Bergeret, disait le commandeur Aspertini, l'endroit du *Don Quichotte* où, Sancho s'étant plaint d'essuyer sans trêve les plus cruelles disgrâces, l'ingénieux chevalier lui répond que cette longue misère est signe d'un bonheur prochain. « Car, dit-il, la fortune étant changeante, nos maux ont déjà trop duré pour ne pas bientôt faire place à la félicité. » La seule loi du changement...

Le reste de ces heureux propos se perdit dans l'explosion d'une bouillotte d'eau, suivie de cris inhumains, poussés par Euphémie, fuyant épouvantée ses fourneaux.

Alors M. Bergeret, attristé par l'inélégance de sa vie étroite, rêva de quelque villa où, sur une blanche terrasse, au bord d'un lac bleu, il mènerait de paisibles entretiens avec le commandeur Aspertini et M. Roux, dans le parfum des myrtes, à l'heure où la lune amoureuse vient se tremper dans un ciel pur comme le regard des dieux bons, et doux comme l'haleine des déesses.

Mais sortant bientôt de ce songe, il reprit sa part dans l'entretien commencé.

— La guerre, dit-il, a des conséquences infinies. J'apprends, par une lettre de mon excellent ami William Harrison, que la science française est méprisée en Angleterre depuis 1871 et qu'on affecte d'ignorer dans les universités d'Oxford, de Cambridge et de Dublin le manuel d'archéologie de Maurice Raynouard, qui pourtant est de nature à rendre aux étudiants plus de services que tout autre ouvrage similaire. Mais on ne veut pas se mettre à l'école des vaincus. Et, pour en croire un professeur sur les caractères de l'art éginétique ou sur les origines de la poterie grecque, il faut que ce professeur appartienne à la nation qui excelle à fondre des canons. Parce que le maréchal de Mac-Mahon fut battu en 1870 à Sedan et que le général Chanzy perdit, la même année, son armée dans le Maine, mon confrère Maurice Raynouard est repoussé d'Oxford en 1897. Telles sont les suites lentes, détournées et sûres de l'infériorité militaire. Et il n'est que trop vrai que d'une trogne à épée dépend le sort des Muses.

— Cher monsieur, dit le commandeur Aspertini, je vous répondrai avec la liberté permise à un ami. Reconnaissons d'abord que la pensée française entre comme autrefois dans la circulation du monde. Le manuel d'archéologie de votre très savant compatriote Maurice Raynouard n'a pas pris place sur les pupitres des universités anglaises, mais vos pièces de théâtre sont représentées sur toutes les scènes du globe, les romans d'Alphonse Daudet et ceux d'Émile Zola sont traduits dans toutes les langues; les toiles de vos peintres ornent les galeries des deux mondes; les travaux de vos savants jettent encore un éclat universel. Et, si votre âme ne fait plus frissonner l'âme des nations, si votre voix ne fait plus battre le cœur de toute l'humanité, c'est que vous ne voulez plus être les apôtres de la justice et de la fraternité, c'est que vous ne prononcez plus les saintes paroles qui consolent et qui fortifient; c'est que la France n'est plus l'amie du genre humain, la concitoyenne des peuples; c'est qu'elle n'ouvre plus les mains pour répandre ces semences de liberté qu'elle jetait jadis par le monde avec une telle abondance et d'un geste si souverain, que longtemps toute belle idée humaine parut une idée française; c'est qu'elle n'est plus la France des philosophes et de la Révolution et qu'il n'y a plus, dans les greniers voisins du Panthéon et du Luxembourg, de jeunes maîtres écrivant, la nuit, sur une table de bois blanc, ces pages qui font tressaillir les peuples et pâlir les tyrans. Ne vous plaignez donc pas d'avoir perdu la gloire que redoute votre prudence.

» Surtout, ne dites pas que vos disgrâces viennent de vos défaites. Dites qu'elles viennent de vos fautes. Une nation ne souffre pas plus d'une bataille perdue qu'un homme robuste ne souffre d'une égratignure reçue dans un duel à l'épée. C'est une atteinte qui ne doit causer qu'un trouble passager dans l'économie et un affaiblissement réparable. Il suffit, pour y remédier, d'un peu d'esprit, d'adresse et de sens politique. La première habileté, la plus nécessaire, et certes la plus facile, est de tirer de la défaite tout l'honneur militaire qu'elle peut donner. A bien prendre les choses, la gloire des vaincus égale celle des vainqueurs, et elle est plus touchante. Il convient, pour rendre un désastre admirable, de célébrer le général et l'armée qui l'ont essuyé, et de publier ces beaux épisodes qui assurent la supériorité morale de l'infortune. Il s'en découvre dans les retraites même les plus précipitées. Les vaincus doivent donc tout d'abord orner, parer, dorer leur défaite, et la marquer des signes frappants de la grandeur et de la beauté. On voit dans Tite-Live que les Romains n'y manquèrent pas et qu'ils ont suspendu des palmes et des guirlandes aux glaives rompus de la Trebbia, du Trasimène et de Cannes. Il n'est pas jusqu'à l'inaction désastreuse de Fabius qu'ils n'aient glorifiée, à ce point qu'après vingt-deux siècles on admire la sagesse du Cunctator, qui n'était qu'une vieille bête. C'est le premier art des vaincus.

— Cet art n'est pas perdu, dit M. Bergeret. L'Italie sut le pratiquer, de nos jours, après Novare, après Lissa, après Adoua.

— Cher monsieur, reprit le commandeur Aspertini, quand une armée italienne capitule, nous estimons justement que cette capitulation est glorieuse. Un gouvernement qui présente la défaite dans des conditions esthétiques rallie à l'intérieur l'opinion des patriotes et se rend intéressant aux yeux de l'étranger. Ce sont là des résultats assez considérables. En 1870, il ne tenait qu'à vous, Français, de les obtenir. Si, à la nouvelle du désastre de Sedan, le Sénat et la Chambre des députés avec tous les corps de l'État avaient, en grande pompe, unanimement félicité l'empereur Napoléon III et le maréchal de Mac-Mahon de n'avoir point, en donnant la bataille, désespéré du salut de la patrie, ne croyez-vous pas que le peuple français aurait tiré du malheur de ses armes une gloire éclatante et fortement exprimé sa volonté de vaincre ? Et sachez bien, cher monsieur Bergeret, que je n'ai pas l'impertinence de donner à votre pays des leçons de patriotisme. Je me ferais trop de tort. Je vous présente seulement quelques-unes des notes marginales qu'on trouvera, après ma mort, crayonnées dans mon exemplaire de Tite-Live.

— Ce n'est pas la première fois, dit M. Bergeret, que le commentaire des Décades vaut mieux que le texte. Mais poursuivez.

Le commandeur Aspertini sourit et reprit le fil de son discours :

— La patrie fait sagement de jeter à pleines mains des lis sur les blessures de la guerre. Puis, discrètement, en silence, d'un regard rapide, elle étudie la plaie. Si le coup a été rude, si les forces du pays sont sérieusement entamées, elle ouvre tout de suite des négociations. Pour traiter avec le vainqueur, le temps le plus proche est le plus avantageux. L'adversaire, dans le premier étonnement du triomphe, accueille avec joie des propositions qui tendent à changer ses débuts favorables en un bonheur définitif. Il n'a pas encore eu le temps de s'enorgueillir d'un succès constant ni de s'irriter d'un trop long obstacle. Il ne peut exiger des réparations énormes pour un dommage encore médiocre. Ses prétentions naissantes n'ont pas grandi. Peut-être ne vous accordera-t-il pas alors la paix à bon marché. Mais vous êtes sûr de la payer plus cher si vous tardez à la demander. La sagesse est de traiter avant d'avoir montré toute sa faiblesse. On obtient alors des conditions moins dures, que l'intervention des puissances neutres adoucit encore. Quant à chercher le salut dans le désespoir et à ne faire la paix qu'après la victoire, ce sont sans doute de belles maximes, mais d'une application difficile dans un temps où, d'une part, les nécessités industrielles et commerciales de la vie moderne et, d'autre part, l'énormité des armées qu'il faut équiper et nourrir, ne permettent point de prolonger indéfiniment les hostilités et, par conséquent, ne laissent point au moins fort le temps de rétablir ses affaires. La France, en 1870, s'est inspirée des plus nobles sentiments. Mais, raisonnablement, elle devait négocier après les premiers revers, honorables pour elle. Elle avait un gouvernement qui pouvait et devait assumer cette tâche et qui l'aurait accomplie dans les conditions les moins mauvaises qu'on pût désormais espérer. Le bon sens était de tirer de lui ce dernier service avant de s'en défaire. On agit au rebours. Ce gouvernement, qu'elle supportait depuis vingt ans, la France eut l'idée peu réfléchie de le renverser au moment où il lui devenait utile, et d'y substituer un autre gouvernement qui, ne se faisant point solidaire du premier, devait recommencer la guerre, sans apporter de nouvelles forces. Un troisième gouvernement tenta de s'établir.

» S'il avait réussi, on recommençait une troisième fois la guerre, pour la raison que les deux premiers essais, trop mauvais, ne comptaient pas. Il fallait, dites-vous, satisfaire l'honneur. Mais, avec votre sang, vous avez satisfait deux honneurs : l'honneur de l'Empire et celui de la République; vous étiez prêts à satisfaire encore un troisième honneur, celui de la Commune. Pourtant il apparaît qu'un peuple, fût-il le plus fier du monde, n'a qu'un honneur à satisfaire. Cet excès de générosité vous mit dans un état de faiblesse extrême, dont vous sortez heureusement...

— Enfin, dit M. Bergeret, si l'Italie avait été battue à Wissembourg et à Reichshoffen, ces défaites lui auraient valu la Belgique. Mais nous sommes un peuple de héros et nous croyons toujours que nous sommes trahis. Voilà notre histoire. Notez que nous sommes en démocratie ; c'est l'état le moins propre aux négociations. On ne peut nier que nous n'ayons fait une longue et courageuse défense. De plus on dit que nous sommes aimables, et je le crois. Au reste les gestes de l'humanité ne furent jamais que des bouffonneries lugubres, et les historiens qui découvrent quelque ordre dans la suite des événements sont de grands rhéteurs. Bossuet...

Au moment où M. Bergeret prononçait ce nom, la porte du cabinet de travail s'ouvrit avec un tel fracas que le mannequin d'osier en fut soulevé et alla choir aux pieds étonnés du militaire. Une fille parut, roussotte, louchon, sans front, et dont la robuste laideur, trempée de jeunesse et de force, reluisait. Ses joues rondes et ses bras nus avaient l'éclat du vermillon triomphal. Elle se campa devant M. Bergeret et, brandissant la pelle au charbon, cria :

— Je m'en vas !

C'était la jeune Euphémie qui, après une querelle avec madame Bergeret, refusait le service. Elle répéta :

— Je m'en vas chez nous!

M. Bergeret lui dit :

— Allez, ma fille, en silence !

Elle répéta plusieurs fois :

— Je m'en vas! Madame me ferait tourner en bourrique.

Et elle ajouta plus tranquillement, abaissant sa pelle :

— Et puis il se passe ici des choses que j'aime mieux ne pas voir.

M. Bergeret, sans tenter d'éclaircir ces paroles mystérieuses, fit observer à la servante qu'il ne la retenait pas, et qu'elle pouvait partir.

— Alors, dit-elle, donnez-moi mon argent.

— Retirez-vous, lui répondit M. Bergeret. Ne voyez-vous pas que j'ai autre chose à faire que de compter avec vous ? Allez m'attendre en quelque autre place.

Mais Euphémie, levant de nouveau la sombre et lourde pelle, hurla :

— Donnez-moi mon argent ! Mes gages Je veux mes gages !

II

A six heures du soir, M. l'abbé Guitrel, descendu de wagon, à Paris, appela un fiacre dans la cour de la gare et, sous la pluie, par l'ombre épaisse semée de lumières, se fit conduire au numéro 5 de la rue des Boulangers. C'est là, sur la voie montueuse, étroite et raboteuse, au-dessus des tonneliers et des marchands de bouchons, que, dans une odeur de futailles, demeurait son vieil ami, l'abbé Le Génil, aumônier des dames des Sept-Plaies qui prêchait des carêmes très suivis dans une des plus aristocratiques paroisses de Paris. C'est là que M. l'abbé Guitrel avait coutume de descendre, quand il venait à Paris travailler aux progrès de sa lente fortune. Tout le jour, la semelle de ses souliers à boucles battait par petits coups discrets le pavé de la ville, les degrés des escaliers et le plancher des maisons les plus diverses. Le soir, il soupait avec M. Le Génil. Les deux vieux camarades de séminaire se contaient des histoires plaisantes, s'informaient du prix des messes et des sermons et faisaient leur partie de manille. A dix heures, Nanette, la servante, roulait dans la salle à manger un lit de fer pour M. Guitrel, qui ne manquait pas, à son départ, de lui donner une pièce de vingt sous toute neuve.

Cette fois, comme les autres, M. Le Génil, qui était grand et robuste, abattit sa large main sur l'épaule de Guitrel fléchissant et, de sa voix d'orgue, lui gronda le bonjour. Et, tout de suite, il l'interpella selon son usage antique et jovial :

— M'apportes-tu seulement douze douzaines de messes à un écu chacune, ou garderas-tu toujours pour toi seul l'or que te versent à flots tes dévotes de province, vieux pingre?

Il parlait de la sorte, gaiement, parce qu'il était pauvre et qu'il savait que Guitrel était aussi pauvre que lui.

Guitrel, qui entendait la plaisanterie mais ne la pratiquait pas, faute de joie intérieure, répondit qu'il avait dû venir à Paris pour y faire diverses commissions dont il était chargé, notamment pour des achats de livres. Il demanda à son ami de le garder un jour ou deux, trois au plus.

— Dis donc la vérité une fois dans ta vie! répliqua M. Le Génil; tu viens chercher une mitre, vieille fouine! Demain matin tu paraîtras, la bouche en cœur, devant le nonce. Guitrel, tu seras évêque!

Et l'aumônier des dames des Sept-Plaies, le prédicateur de Sainte-Louise, avec un respect ironique où se mêlait peut-être une instinctive déférence, s'inclina devant le futur évêque. Puis il reprit cette rudesse de visage où reluisait l'âme d'un autre Olivier Maillard.

— Entre donc ! Veux-tu te rafraîchir ?

M. Guitrel était secret. Sa bouche plissée laissa voir la contrariété d'être deviné. Il venait, en effet, assurer à sa candidature de puissants appuis. Et il n'avait nulle envie d'expliquer ses démarches sinueuses à cet ami naturellement franc, qui en était venu à faire de sa franchise non seulement une vertu, mais une politique.

Il balbutia :

— Ne crois pas... écarte cette idée que...

M. Le Génil haussa les épaules :

— Vieux cachotier !

Et, conduisant son ami dans sa chambre à coucher, il s'assit sous la flamme de pétrole et reprit sa tâche commencée, qui était de raccommoder sa culotte. M. Le Génil, prédicateur estimé dans les diocèses de Paris et de Versailles, faisait du ravaudage pour épargner de la peine à sa vieille servante et par un goût de manier l'aiguille, qu'il avait contracté dans les dures années de sa jeunesse ecclésiastique. Et ce colosse aux poumons d'airain, qui du haut d'une chaire foudroyait les incrédules, sur une chaise de paille, de ses grosses mains rouges tirait l'aiguille. Au milieu de son travail il leva la tête et tournant sur Guitrel le regard farouche de ses bons gros yeux :

— Nous ferons ce soir une partie de manille, vieux tricheur !

Mais Guitrel, timide et têtu, balbutia qu'il était obligé de sortir après le dîner. Guitrel avait des projets. Il fit presser les apprêts du repas, mangea très vite, au mécontentement de son hôte, grand mangeur et grand parleur. Il se leva de table sans attendre le dessert, alla dans l'autre chambre du logis, s'y renferma, tira de sa valise un habillement laïque et le revêtit.

Il reparut aux yeux de son ami dans une redingote longue, noire, austère, qui avait la bouffonnerie d'un déguisement. La tête surmontée d'un chapeau claque en drap roussi, d'une hauteur extraordinaire, il avala son café, marmotta les grâces et se coula dehors.

L'abbé Le Génil lui cria sur la rampe de l'escalier :

— Ne sonne pas en rentrant, tu réveillerais Nanette. Tu trouveras la clef sous le paillasson. Guitrel, encore un mot : je sais où tu vas. Tu vas prendre une leçon de déclamation, vieux Quintilien !

M. l'abbé Guitrel suivit les quais en aval, dans les ténèbres humides, passa le pont des Saint-Pères, traversa la place du Carrousel parmi les passants indifférents, qui donnaient à peine un regard à son chapeau démesuré, et s'arrêta sous le péristyle toscan de la Comédie-Française. Il eut soin de lire l'affiche pour s'assurer que le spectacle n'était pas changé et que les comédiens donnaient *Andromaque* et le *Malade imaginaire*. Puis il demanda au second guichet un billet de parterre.

Ayant pris place sur l'étroite banquette déjà presque pleine, en arrière des fauteuils encore vides, il déploya un vieux journal, non pour le lire, mais de façon à se faire un maintien, en écoutant les propos échangés à ses côtés. Il avait l'ouïe fine, et c'est par l'oreille qu'il regardait, comme M. Worms-Clavelin écoutait par la bouche. Ses voisins étaient des employés de commerce et des ouvriers d'art qui devaient leur entrée de faveur à l'amitié d'un machiniste ou d'une habilleuse, petit monde simple, avide de spectacles, content de soi, occupé de paris mutuels et de bicyclettes, jeunesse tranquille, quelque peu caporalisée, démocratique et républicaine sans même y penser, conservatrice jusque dans ses plaisanteries sur le président de la République. M. l'abbé

Guitrel, en saisissant au vol les mots qui, lancés çà et là, lui révélaient cet état d'esprit, songeait aux illusions de l'abbé Lantaigne, qui, du fond de sa solitude, méditait de ramener ce peuple à la monarchie théocratique. Et il ricanait derrière son journal.

— Ces Parisiens, se dit-il, sont les gens les plus accommodants du monde. On les juge mal dans nos provinces. Plût à Dieu que les républicains et les libres penseurs de l'évêché de Tourcoing fussent taillés sur ce modèle ! Mais l'esprit des Français du Nord est amer comme le houblon de leurs plaines. Et je me trouverai dans mon diocèse entre des socialistes violents et d'ardents catholiques.

Il savait les tribulations qui l'attendaient sur le siège du bienheureux Loup, et, loin de les redouter, il les appelait sur sa tête avec de si grands soupirs que son voisin regarda s'il n'était pas incommodé. Et M. l'abbé Guitrel roulait dans sa tête des pensers d'évêque, dans le murmure des conversations frivoles, le bruit des portes et le mouvement des ouvreuses.

Mais quand, les trois coups frappés, la toile se leva lentement, il fut tout entier au spectacle. C'est la diction et le geste des acteurs qui l'occupaient. Il étudiait leurs intonations, leur démarche, le jeu de leur physionomie avec l'application intéressée d'un vieux sermonnaire curieux de surprendre le secret des mouvements nobles et des accents pathétiques. Lorsque se développaient les longues tirades, il redoublait d'attention, regrettant seulement de ne point entendre du Corneille, plus abondant en harangues, plus fécond en effets oratoires et qui marque mieux les divers points d'un discours.

Au moment où l'acteur qui représentait Oreste récita l'exorde vraiment classique : « Avant que tous les Grecs... », le professeur d'éloquence sacrée s'apprêta à noter dans son esprit toutes les attitudes et toutes les inflexions de voix. M. l'abbé Le Génil connaissait bien son vieil ami ; il savait que le subtil professeur d'éloquence sacrée allait prendre au théâtre des leçons de déclamation.

M. Guitrel donna moins d'attention aux comédiennes. Il avait le mépris de la femme. Ce n'est point à dire qu'il eût toujours été chaste de pensée. Il avait connu, dans le sacerdoce, les troubles de la chair. Comment il avait éludé, tourné ou transgressé le sixième commandement, Dieu le sait ! Et quel genre de créatures le purent aussi savoir, c'est ce qu'il ne faut point rechercher. *Si iniquitates observaveris, Domine, Domine quis sustinebit ?* Mais il était prêtre et avait le dégoût du ventre d'Ève. Il exécrait le parfum des longues chevelures. A l'employé de commerce, son voisin de banquette, qui lui vanta les beaux bras célèbres de la tragédienne, il répondit par l'expression d'un dédain qui n'était point hypocrite.

Pourtant sa curiosité se soutint jusqu'à la fin de la tragédie et il se promit de transporter les fureurs d'Oreste, telles qu'elles lui étaient détaillées par un habile interprète, dans quelque sermon sur les tourments de l'impie ou sur la fin misérable du pécheur. Et il s'appliqua, pendant l'entr'acte, à corriger mentalement, d'après ce qu'il venait d'entendre, un certain accent provincial qui gâtait sa diction. « La voix d'un évêque de Tourcoing, pensait-il, ne doit pas sentir en aigreur le petit vin de nos coteaux du Centre. »

La pièce de Molière, qui terminait le spectacle, le divertit extrêmement. Inhabile lui-même à découvrir les ridicules, il était content qu'on les lui montrât. Il était particulièrement heureux de saisir les humiliations gaies de la chair et il riait de bon cœur aux endroits scatologiques.

Au milieu du dernier acte, il tira de sa poche un petit pain qu'il avala par menus morceaux, une main sur la bouche, attentif à n'être pas surpris, dans son léger souper, par le coup de minuit, car il devait dire sa messe, le lendemain matin, dans la chapelle des dames des Sept-Plaies.

Après le spectacle, il regagna de son pas menu son gîte le long des quais déserts. Le fleuve traînait dans le silence la plainte sourde de ses eaux. M. Guitrel cheminait dans une brume roussâtre qui grandissait les formes des choses et donnait à son chapeau, dans la nuit, une hauteur absurde. Comme il se glissait au ras des murs gluants de l'ancien Hôtel-Dieu, une fille en cheveux, laide et qui n'était pas jeune, énorme, la poitrine mal contenue par une camisole blanche, vint en boitant à sa rencontre, l'aborda et, le saisissant par le pan de sa redingote, lui fit des propositions. Puis, tout à coup, avant même qu'il songeât à se dégager, elle s'enfuit en criant :

— Un curé ! la guigne, alors ! Quel

malheur qui va encore m'arriver? Misère de...

M. Guitrel savait la superstition de certaines femmes ignorantes, qui tiennent pour sinistre la rencontre d'un prêtre; mais il était surpris que cette créature eût reconnu son état sous un habit civil.

— C'est le châtiment des défroqués, pensa-t-il. Le prêtre, qui subsiste en eux, se laisse voir. *Tu es sacerdos in æternum*, Guitrel.

III

Chassé par le vent du nord sur le sol dur et blanc, avec les feuilles mortes, M. Bergeret traversa le Mail entre les ormes dépouillés, et gravit la côte Duroc. Il frappait du pied la chaussée aux pavés inégaux. Laissant à sa droite la forge du maréchal et la façade de la laiterie sur laquelle deux vaches étaient peintes en rouge, à sa gauche les longs murs bas des maraîchers, il allait vers le ciel humble et fumeux, qui d'une barrière violette fermait l'horizon. Ayant, dans la matinée, préparé sa dixième et dernière leçon sur le huitième livre de *l'Enéide*, il repassait machinalement dans sa tête les particularités de métrique et de grammaire qui avaient occupé son attention et, réglant la cadence de sa pensée sur celle de son pas, il se répétait à lui-même, à intervalles égaux, ces paroles mesurées : *Patrio vocat agmina sistro*... Mais parfois son esprit curieux et divers s'échappait en aperçus critiques d'une grande liberté. La rhétorique militaire de ce huitième livre l'assommait et il trouvait ridicule qu'Énée reçût de Vénus un bouclier dont les reliefs représentaient les scènes de l'histoire romaine jusqu'à la bataille d'Actium, et la fuite de Cléopâtre. *Patrio vocat agmina sistro*. Parvenu au rond-point des Bergères qui domine la côte Duroc, il songea, devant le cabaret couleur lie de vin, déserté clos, moisi, du père Maillard, que ces Romains, à l'étude desquels il consacrait sa vie, étaient terribles d'emphase et de médiocrité. Par le progrès de l'âge et du goût, il n'estimait plus guère que Catulle et Pétrone. Mais il lui fallait bien tondre le pré où il était attaché. *Patrio vocat agmina sistro.* Virgile et Properce veulent-ils nous faire croire, se dit-il, que le sistre, dont le son grêle accompagnait les danses frénétiques et pieuses des prêtres, était aussi la musique des marins et des soldats égyptiens? Cela ne se conçoit pas.

En descendant le chemin des Bergères, sur le versant opposé à la côte Duroc, il sentit tout à coup la douceur de l'air. Là, le chemin s'abaisse entre des parois de calcaire où s'attachent laborieusement les racines des petits chênes. A l'abri du vent, sous le soleil de décembre, qui dans le ciel penchait, pauvre et sans rayons, M. Bergeret murmura plus doucement : *Patrio vocat agmina sistro.* Sans doute Cléopâtre a fui d'Actium vers l'Égypte, mais elle a fui à travers la flotte d'Octave et d'Agrippa qui tentait de lui fermer le passage.

Et, gagné par l'aménité de l'air et du jour, M. Bergeret s'assit au bord du chemin, sur une des pierres qui, tirées jadis de la montagne, se couvraient lentement d'une mousse noire. Il voyait à travers les membrures fines des arbres le ciel lilas taché de fumées et goûtait une paisible tristesse à mener ainsi ses songeries dans la solitude.

Antoine et Cléopâtre, pensait-il, n'avaient qu'un intérêt, en attaquant les liburnes d'Agrippa qui les bloquaient, celui de s'ouvrir un passage. C'est précisément à quoi réussit Cléopâtre, qui débloqua ses soixante vaisseaux. Et M. Bergeret, en son chemin creux se donnait la gloire innocente de décider du sort du monde, dans les eaux illustres d'Acarnanie. Mais en regardant à trois pas devant lui, il vit un vieillard assis, à l'autre bord du sentier, sur un tas de feuilles mortes, contre la paroi grise. C'était une figure sauvage qui se distinguait à peine des choses environnantes. Son visage, sa barbe et ses haillons avaient les teintes de la pierre et des feuilles. Il raclait lentement un morceau de bois avec une vieille lame amincie par des années de meule.

— Bonjour, monsieur, dit le vieil homme. Le soleil est mignon. Et ce qu'il y a de bon, je vais vous dire, c'est qu'il ne pleuvra pas.

M. Bergeret reconnut Pied-d'Alouette, le chemineau que le juge d'instruction, M. Roquincourt, avait impliqué, bien à tort, dans l'affaire de la maison de la reine Marguerite, et qu'il avait gardé six mois en prison dans l'espoir vague de découvrir des charges inattendues contre ce vagabond, ou dans la pensée que l'arrestation paraîtrait mieux justifiée par cela seul qu'elle serait maintenue plus longtemps, ou seulement par rancune contre un innocent qui avait trompé la justice. M. Bergeret, qui éprouvait de la sympathie pour les misérables, répondit par de bonnes paroles aux bonnes paroles de Pied-d'Alouette.

— Bonjour, mon ami, lui dit-il, je vois que vous connaissez les bons endroits. Cette côte est tiède et bien abritée.

Pied-d'Alouette, après un moment de silence, répondit :

— Je connais des endroits meilleurs. Mais ils sont éloignés. Il ne faut pas avoir peur de marcher. Le pied est bon. Le soulier n'est pas bon. Mais je ne peux pas mettre des bons souliers, parce que j'y suis pas accoutumé. Quand on m'en donne des bons, je les ouvre.

Et, soulevant son pied de dessus les feuilles sèches, il montra l'orteil passant entortillé de linges à travers les fentes du cuir.

Il se tut et recommença de polir le morceau de bois dur.

M. Bergeret retourna bientôt à ses pensées.

Pallentem morte futura. Les liburnes d'Agrippa ne purent arrêter au passage l'Antoniade aux voiles de pourpre. Cette fois du moins la colombe échappait au vautour.

Mais Pied-d'Alouette parla et dit :

— Ils m'ont pris mon couteau.

— Qui cela ?

Le chemineau, levant le bras, tourna la main du côté de la ville et ne fit point d'autre réponse. Cependant il suivait le cours de sa lente pensée, car un peu de temps après il dit :

— Ils ne me l'ont pas rendu.

Et il demeura grave, muet, impuissant à exprimer les idées qui roulaient dans son âme obscure. Son couteau était avec sa pipe le seul bien qu'il eût au monde. C'est avec son couteau qu'il coupait le pain dur et la couenne de lard qu'on lui donnait à la porte des fermes, la nourriture à laquelle ses gencives sans dents ne pouvaient pas mordre ; c'est avec son couteau qu'il hachait les bouts de cigares pour en bourrer sa pipe ; c'est avec son couteau qu'il grattait les fruits pourris et qu'il parvenait à extraire des tas d'ordures des choses bonnes à manger. C'est avec son

4.

couteau qu'il se taillait des bâtons de voyage et qu'il coupait des branches pour se faire un lit de feuilles, la nuit dans les bois. C'est avec son couteau qu'il sculptait dans l'écorce des chênes des bateaux pour les petits garçons et, dans le bois blanc, des poupées pour les petites filles. C'est avec son couteau qu'il exerçait tous les arts de la vie, les plus nécessaires comme les plus subtils, et qu'affamé sans cesse et parfois ingénieux il pourvoyait à ses besoins et construisait avec des roseaux de délicates fontaines que les messieurs de la ville trouvaient jolies.

Car cet homme, qui ne voulait pas travailler, exerçait toutes sortes de métiers. A sa sortie de prison, il n'avait pu se faire rendre son couteau, gardé au greffe. Et il avait repris sa route, désarmé, démuni, plus faible qu'un enfant, misérable par le monde. Il en avait pleuré. De petites larmes brûlaient, sans couler, ses yeux sanglants. Puis le courage lui était revenu, et, sortant de la ville, il avait trouvé une vieille lame au coin d'une borne. Maintenant, il y mettait ingénieusement un bon manche de hêtre, taillé par lui dans le bois des Bergères.

L'idée de son couteau lui fit venir l'idée de sa pipe. Il dit :

— Ils ne m'ont pas pris ma pipe.

Et il tira d'un sac de laine qu'il portait contre sa poitrine une sorte de dé noir et gluant, un fourneau de pipe sans apparence de tuyau.

— Mon pauvre ami, lui dit M. Bergeret, vous n'avez pas l'air d'un grand criminel. Comment vous faites-vous mettre en prison si souvent ?

Pied-d'Alouette n'avait pas l'habitude du dialogue. Il ne savait pas du tout soutenir une conversation. Et, bien qu'il eût une manière d'intelligence assez profonde, il ne comprenait pas tout de suite le sens des paroles qu'on lui adressait. C'est l'exercice qui lui faisait défaut. Il ne répondit pas d'abord à M. Bergeret qui se mit à tracer du bout de sa canne des lignes dans la poussière blanche du chemin. Mais Pied-d'Alouette dit enfin :

— Je ne fais pas les choses mauvaises. Alors je suis puni pour d'autres choses.

Et la conversation s'enchaîna sans trop de ruptures.

— Vous voulez dire qu'on vous met en prison pour des actions innocentes?

— Je sais ceux qui font les choses mauvaises. Mais je me ferais tort en parlant.

— Vous fréquentez les vagabonds et les malfaiteurs?

— Vous voulez me faire parler. Connaissez-vous M. le juge Roquincourt?

— Je le connais un peu. Il est sévère, n'est-ce pas?

— M. le juge Roquincourt, il parle bien. J'ai entendu personne qui parle si bien et si vite. On n'a pas le temps de comprendre. On peut pas répondre. Il y a personne qui parle seulement la moitié aussi bien.

— Il vous a tenu au secret pendant de longs mois et vous ne lui gardez pas rancune. Quel exemple obscur de clémence et de magnanimité!

Pied-d'Alouette se remit à polir son manche de couteau. A mesure que l'ouvrage avançait, il se rassérénait et retrouvait la paix de l'esprit. Tout à coup il demanda :

— Connaissez-vous le nommé Corbon?

— Qui cela, Corbon?

C'était trop difficile à expliquer. Pied-d'Alouette fit un geste vague, embrassant un quart de l'horizon. Cependant il avait l'esprit occupé de celui qu'il venait de nommer, car il répéta :

— Corbon.

— Pied-d'Alouette, demanda M. Bergeret, on dit que vous êtes un vagabond d'une espèce singulière, et que, manquant de tout, vous ne volez jamais rien. Pourtant vous vivez avec des malfaiteurs. Vous connaissez des assassins.

— Pied-d'Alouette répondit :

— Il y en a qui ont une idée et d'autres qui ont une autre idée. Moi, si j'avais l'idée de mal faire, je creuserais un trou sous un arbre de la côte Duroc, je mettrais mon couteau au fond du trou et je pilerais la terre dessus avec mes pieds. Ceux qui ont l'idée de mal faire, c'est le couteau qui les conduit. Et c'est la fierté aussi qui les conduit. Moi, tout jeune, j'ai perdu la fierté, parce que les hommes me tournaient en raillerie, et les filles, et les enfants, dans les pays.

— Et n'avez-vous jamais eu de pensées violentes et mauvaises ?

— Autrefois, à l'encontre des femmes que je voyais allant seules dans les chemins, pour l'idée que j'en avais. Mais c'est fini.

— Et cela ne vous revient plus ?

— Des fois.

— Pied-d'Alouette, vous aimez la liberté, vous êtes libre. Vous vivez sans travailler. Vous êtes heureux.

— Il y en a qui sont heureux. Mais pas moi.

— Où sont-ils, les heureux?

— Dans les fermes.

M. Bergeret se leva, mit une pièce de dix sous dans la main de Pied-d'Alouette, et dit :

— Vous pensez, Pied-d'Alouette, que le bonheur est sous un toit, an coin d'une cheminée et dans un lit de plume. Je vous croyais plus de sagesse.

IV

A l'occasion du premier janvier, M. Bergeret revêtit, dès le matin, son habit noir, qui avait perdu son lustre et sur lequel le petit jour gris de l'hiver versait comme de la cendre. Les palmes d'or, suspendues à la boutonnière par un ruban violet, jetant un éclat dérisoire, faisaient paraître que M. Bergeret n'était pas chevalier de la Légion d'honneur. Il se sentait, dans cet habit, extraordinairement pauvre et mince. Sa cravate blanche lui apparaissait comme une chose tout à fait misérable. Il est vrai qu'elle n'était pas fraîche. Et quand, après avoir longtemps froissé en vain le plastron de sa chemise, il reconnut l'impossibilité de maintenir les boutons de nacre dans les boutonnières agrandies par un long usage, il s'affligea. Le regret lui vint au cœur de n'être point un homme du monde. Et, s'étant assis sur une chaise, il songea :

— Y a-t-il vraiment un monde et des hommes du monde ? Il me semble bien que ce qu'on appelle le monde est comme le nuage d'or et d'argent suspendu dans l'azur du ciel. Quand on le traverse, on ne voit plus qu'un brouillard. En réalité, les groupements sociaux sont très confus. Les hommes s'assemblent en raison de leurs préjugés et de leurs goûts. Mais les goûts combattent souvent les préjugés, et le hasard brouille tout. Sans doute, une longue richesse et les loisirs qui l'accompagnent déterminent un certain genre de vie et des habitudes particulières. C'est là, en somme, la communauté des gens du monde. Cette communauté se réduit à des habitudes de politesse, d'hygiène et de sport. Il y a des mœurs mondaines. Elles sont tout extérieures, et par cela même très sensibles. Il y a des façons, des dehors mondains. Il n'y a pas une humanité mondaine. Ce qui nous caractérise véritablement, ce sont nos passions, nos idées, nos sentiments. Nous avons un for intérieur dans lequel le monde n'entre pas.

Cependant, la mauvaise ordonnance de sa cravate et de sa chemise lui donnait de l'inquiétude. Il alla se regarder dans la glace du salon. Son image dans cette glace lui apparut lointaine et toute offusquée par une immense corbeille de bruyères où couraient des rubans de satin rouge. Posée sur le piano entre deux sacs de marrons glacés, cette corbeille était d'osier, en forme de char, avec des roues dorées. Au timon doré, la carte de M. Roux demeurait épinglée. Et cette corbeille était un présent de M. Roux à madame Bergeret.

Le maître de conférences n'écarta pas les touffes enrubannées des bruyères. Il lui suffit d'apercevoir dans la glace, derrière les fleurs, son œil gauche, qu'il considéra un peu de temps avec bienveillance. M. Bergeret, qui ne croyait pas que personne l'aimât en ce monde ni dans les autres, s'accordait à lui-même de la pitié et quelque sympathie. Il était doux envers lui-même comme envers les malheureux. Il se dispensa d'une plus longue considération de sa chemise et de sa cravate et se dit :

— Tu expliques le bouclier d'Énée et ta cravate est fripée. Ce sont deux ridicules. Tu n'es pas un homme du monde. Sache, du moins, vivre de la vie intérieure. Et cultive en toi-même un riche domaine.

. En ce premier jour de l'année, il avait bien sujet de plaindre son destin, devant porter ses hommages à des hommes vulgaires et injurieux, comme étaient le recteur et le doyen. Le recteur, M. Leterrier, ne pouvait le souffrir. C'était une antipathie de nature, qui croissait avec la régularité d'une expansion végétale et donnait ses fruits chaque année. M. Leterrier, professeur de philosophie, auteur d'un manuel dans lequel tous les systèmes étaient jugés, possédait les certitudes de la doctrine officielle. Il ne subsistait dans son esprit aucun doute sur les questions concernant le beau, le vrai et le bien, dont il avait défini les caractères dans un chapitre de son ouvrage (pages 216 à 262). Or, il tenait M. Bergeret pour un homme dangereux et pervers. M. Bergeret reconnaissait la sincérité parfaite de l'antipathie qu'il inspirait à M. Leterrier, et il n'en murmurait pas. Parfois même il en souriait avec indulgence. Mais il éprouvait, au contraire, un malaise cruel quand il se rencontrait avec le doyen, M. Torquet, qui n'avait de pensées d'aucune sorte et qui, bourré de lettres, gardait l'âme d'un illettré. Ce gros homme, sans front ni crâne, occupé tout le jour dans sa maison et dans son jardin à compter les morceaux de sucre et les poires, et qui posait des sonnettes en recevant la visite de ses collègues de la Faculté, déployait à nuire une activité et une sorte d'intelligence dont M. Bergeret demeurait confondu. C'est à quoi songeait le maître de conférences en passant son pardessus pour aller souhaiter la bonne année à M. Torquet.

Pourtant il éprouva quelque joie à se sentir dehors. Il retrouvait dans la rue le plus cher des biens, la liberté philosophique. Au coin des Tintelleries, en face des Deux-Satyres, il s'arrêta pour regarder avec amitié le petit acacia qui, du jardin des Lafolie, levait par-dessus le mur sa tête dépouillée.

— Les arbres, pensa-t-il, prennent, l'hiver, une beauté intime qu'ils n'ont pas dans la gloire du feuillage et des fleurs. Ils découvrent la délicatesse de leur structure. L'abondance de leur fin corail noir est charmante ; ce ne sont point des squelettes, c'est une multitude de jolis petits membres où la vie sommeille. Si j'étais paysagiste...

Comme il faisait ces réflexions, un gros homme l'appela par son nom et le prit par le bras, sans s'arrêter. C'était M. Compagnon, le plus populaire des professeurs, le maître aimé qui faisait son cours de mathémathiques dans le grand amphithéâtre :

— Eh! eh! je vous la souhaite bonne, mon cher Bergeret. Je parie que vous allez comme moi chez le doyen. Nous ferons route ensemble.

— J'y consens, répondit M. Bergeret. De la sorte, je m'acheminerai agréablement vers un terme pénible. Car je vous avoue que je ne me fais point un plaisir de voir M. Torquet.

En entendant cette confidence, qu'il n'avait point provoquée, M. Compagnon retira, soit par hasard, soit d'instinct, la main qu'il avait passée sous le bras de son collègue.

— Je sais ! je sais ! vous avez eu des difficultés avec le doyen. Ce n'est pourtant pas un homme de relations désagréables.

— En vous parlant comme j'ai fait, reprit M. Bergeret, je ne songeais même pas à l'inimitié que le doyen consent, dit-on, à me garder. Mais le seul abord d'une personne dépourvue de toute espèce d'imagination me glace jusqu'aux moelles. Ce qui vraiment attriste, ce n'est pas l'idée de l'injustice et de la haine. Ce n'est pas non plus le spectacle des douleurs humaines. Au contraire, les maux de nos semblables nous font rire pour peu qu'on nous les présente gaiement. Mais ces âmes mornes, qui ne reflètent rien, ces êtres en qui l'univers vient s'anéantir, voilà l'aspect qui désole et qui désespère. Le commerce de M. Torquet est une des plus cruelles disgrâces de ma vie.

— C'est égal ! dit M. Compagnon. Notre Faculté est une des plus brillantes de France pour le mérite des professeurs et l'aménagement des locaux. Les laboratoires seuls laissent encore à désirer. Mais il faut espérer que, grâce aux efforts combinés de notre dévoué recteur et d'un sénateur aussi influent que M. Laprat-Teulet, cette regrettable lacune sera enfin comblée.

— Il serait désirable aussi, dit M. Bergeret, qu'on ne fît plus les cours de latin dans une cave obscure et malsaine.

En traversant la place Saint-Exupère, M. Compagnon désigna du bras la maison Deniseau.

— On ne parle plus, dit-il, de cette voyante qui avait commerce avec sainte Radegonde et plusieurs saints du paradis. Êtes-vous allé la voir, Bergeret ? Moi, j'ai été conduit chez elle, au moment de sa grande vogue, par Lacarelle, le chef de cabinet du préfet. Elle était assise, les yeux fermés, dans un fauteuil, et une douzaine de fidèles lui posaient des questions. On lui demandait si la santé du pape était satisfaisante, quels seraient les effets de l'entente franco-russe, si l'impôt sur le revenu serait voté, et si l'on trouverait bientôt un remède à la phtisie. Elle répondait à tout dans un style poétique, avec une certaine facilité. Moi, quand ce fut à mon tour de l'interroger, je lui fis cette simple question :

— Quel est le logarithme de 9 ? Eh bien, Bergeret, croyez-vous qu'elle a répondu 0,954 ?

— Non, je ne le crois pas, dit M. Bergeret.

— Elle n'a rien répondu, reprit M. Compagnon, rien du tout. Elle est restée muette. J'ai dit : « Comment sainte Radegonde ne sait-elle pas le logarithme de 9 ? C'est incroyable ! » Il y avait là des colonels en retraite, des prêtres, des dames âgées et des médecins russes. Ils semblaient consternés,

5.

et le nez de Lacarelle lui pendait jusqu'au nombril. Je me suis enfui sous la réprobation générale.

Tandis que M. Compagnon et M. Bergeret traversaient la place en devisant de la sorte, ils rencontrèrent M. Roux qui allait semant par la ville ses cartes de visite à foison. Car il était fort répandu.

— Voilà mon meilleur élève, dit M. Bergeret.

— Il a l'air d'un gars solide, dit M. Compagnon, qui estimait la force. Pourquoi diable fait-il du latin ?

Sur quoi, M. Bergeret, piqué, demanda au professeur de mathématiques s'il croyait que l'étude des langues classiques dût être exclusivement réservée aux hommes infirmes, débiles, malingres et difformes.

Mais déjà M. Roux, saluant les deux professeurs, découvrait dans un sourire ses dents de jeune loup. Il était content. Son génie heureux, qui avait découvert le secret du métier militaire, venait de remporter un nouvel avantage. M. Roux avait obtenu, ce matin même, un congé de quinze jours pour se guérir d'une lésion indéfinie et peu sensible du genou.

— Heureux homme ! s'écria M. Bergeret. Pour tromper, il n'a pas même besoin de mentir.

Puis, se tournant vers M. Compagnon :

— M. Roux, mon élève, ajouta-t-il, est l'espoir de la métrique latine. Mais, par un étrange contraste, ce jeune humaniste, qui mesure si rigoureusement les vers d'Horace et de Catulle, compose lui-même en français des vers qu'il ne scande pas avec exactitude, et dont je ne puis, je l'avoue, saisir le rythme indéterminé. En un mot, M. Roux fait des vers libres.

— Vraiment ? dit M. Compagnon avec politesse.

M. Bergeret, qui était curieux de s'instruire et ami des nouveautés, pria M. Roux de réciter son poème le plus récent, *la Métamorphose de la Nymphe*, qu'on ne connaissait pas encore.

— Voyons cela, dit M. Compagnon. Je me mets à votre gauche, monsieur Roux, pour vous donner ma bonne oreille.

On convint que M. Roux réciterait son poème en accompagnant les deux professeurs jusqu'à la porte du doyen, sur les Tournelles, dont la pente douce ne lui ferait pas perdre le souffle.

Et M. Roux commença de dire d'une voix lente, prolongée et chantante *la Métamorphose de la Nymphe*. Il dit, en des vers coupés çà et là par le roulement des camions :

> La nymphe blanche
> Qui coule à pleines hanches,
> Le long du rivage arrondi
> Et de l'île où les saules grisâtres
> Mettent à ses flancs la ceinture d'Ève,
> En feuillages ovales,
> Et qui fuit pâle.

Puis il fit paraître, en des tableaux changeants :

> De vertes berges,
> Avec l'auberge
> Et les fritures de goujons

La nymphe s'échappe, inquiète, troublée.

Elle approche de la ville ; et la métamorphose s'accomplit.

> La pierre du quai dur lui rabote les hanches,
> Sa poitrine est hérissée d'un poil rude,
> Et noire de charbons, que délaye la sueur,
> La nymphe est devenue un débardeur.
> Et là-bas est le dock
> Pour le coke.

Et le poète chanta le fleuve traversant la cité.

> Et le fleuve, d'ores en avant municipal et historique,
> Et dignement d'archives, d'annales, de fastes,
> De gloire.
> Prenant du sérieux et même du morose
> De pierre grise,
> Se traîne sous la lourde ombre basilicale
> Que hantent encore des Eudes, des Adalberts,
> Dans les orfrois passés,
> Évêques, qui ne bénissent pas les noyés anonymes,
> Anonymes,

> Non plus des corps, mais des outres,
> Qui vont outre,
> Le long des îles en forme de bateaux plats
> Avec, pour mâtures, des tuyaux de cheminées.
> Et les noyés vont outre.
> Mais arrête-toi aux parapets doctes
> Où, dans les boîtes, gît mainte anecdote,
> Et le grimoire à tranches rouges sur lequel le platane
> Fait pleuvoir ses feuilles,
> Il se peut que, là, tu découvres une bonne écriture :
> Car tu n'ignores pas la vertu des runes
> Ni le pouvoir des signes tracés sur les lames.

M. Roux suivit longtemps encore le cours du fleuve illustre et finit sa récitation sur le seuil du doyen.

— C'est très bien, lui dit M. Compagnon, qui ne détestait pas la littérature, mais qui, faute d'habitude, n'aurait pas facilement distingué un vers de Racine d'un vers de Mallarmé.

Et M. Bergeret songea :

— Si pourtant c'était un chef-d'œuvre ?

Et, de peur d'offenser la beauté inconnue, il serra en silence la main du poète.

V

En sortant de chez le doyen, M. Bergeret rencontra madame de Gromance qui revenait de la messe. Il en eut du plaisir, estimant que la vue d'une jolie femme est une bonne fortune pour un honnête homme. Madame de Gromance lui paraissait la plus désirable des femmes. Il lui savait gré de s'habiller avec cet art savant et discret, qu'elle possédait seule dans la ville, et de montrer dans son allure une taille souple et des reins agiles, images d'une réalité non permise à l'humaniste obscur et pauvre, mais dont il pouvait du moins illustrer à propos un vers d'Horace, d'Ovide ou de Martial. Il lui était reconnaissant d'être aimable et de laisser traîner après elle un parfum d'amour. Au dedans de lui-même, il la remerciait comme d'une grâce de cette facilité de cœur, à laquelle pourtant il n'espérait point d'avoir part. Étranger à la société aristocratique, il n'avait jamais pénétré chez cette dame, et c'est par grand hasard qu'aux fêtes de Jeanne d'Arc, après la cavalcade, il lui avait été présenté dans la tribune de M. de Terremondre. Au reste, comme il était un sage et qu'il avait le sentiment de l'harmonie, il ne souhaitait point de l'approcher. Il lui suffisait de saisir par hasard cette jolie figure au passage et de se rappeler en la voyant les récits qu'on faisait d'elle dans la boutique de Paillot. Il lui devait quelque joie et il lui en gardait une espèce de gratitude.

Ce matin du premier jour de l'an, dès

qu'il la vit, sous le porche de Saint-Exupère, relevant d'une main sa jupe de manière à marquer la molle flexion du genou, et tenant de l'autre son grand missel relié en maroquin rouge, il lui fit une petite oraison mentale pour la remercier d'être le fin plaisir et la fable charmante de toute la ville. Et il mit cette idée dans son sourire, en la voyant.

Madame de Gromance ne concevait pas tout à fait comme M. Bergeret la gloire d'une femme. Elle y mêlait beaucoup d'intérêts sociaux et gardait des ménagements, étant du monde. Comme elle n'ignorait pas ce qu'on pensait d'elle dans la région, elle faisait froide mine aux gens à qui elle n'avait pas envie de plaire. M. Bergeret était de ceux-là. Elle trouva son sourire impertinent, et elle y répondit par un regard hautain qui le fit rougir. Poursuivant son chemin, il se dit d'un cœur contrit :

— Elle a été rosse. Mais j'avais été mufle.

Je le sens à présent. Je connais trop tard l'impertinence de mon sourire qui lui disait : « Vous êtes un plaisir public ». Cette délicieuse créature n'est pas un philosophe affranchi des préjugés vulgaires. Elle ne pouvait me comprendre ; elle ne pouvait savoir que je tiens sa beauté pour une des plus grandes vertus du monde et l'usage qu'elle en fait pour une magistrature très auguste. J'ai manqué de tact. Et j'en ai honte. J'ai, comme tous les honnêtes gens, transgressé quelques-unes des lois humaines; et je n'en ai point de repentir. Mais certaines actions de ma vie, qui se sont trouvées contraires à ces délicatesses imperceptibles et supérieures, qu'on nomme les convenances, m'ont laissé des regrets cuisants et une sorte de remords. En ce moment, j'ai envie de me cacher, par vergogne. Je fuirai désormais l'approche agréable de cette dame à la taille flexible, *crispum... docta movere latus*. J'ai bien mal commencé l'année !

— Je vous la souhaite bonne, dit une voix dans une barbe, sous un chapeau de paille.

C'était M. Mazure, l'archiviste départemental. Depuis que le ministre lui avait refusé les palmes académiques pour insuffisance de titres et que toutes les sociétés de la ville négligeaient de rendre des visites à madame Mazure, pour la secrète raison qu'elle avait été la cuisinière et la concubine des deux archivistes antérieurement préposés à la garde des archives départementales, M. Mazure avait pris en horreur le gouvernement, le monde en dégoût, et il était tombé dans une misanthropie noire.

En ce jour de visites amicales ou respectueuses, pour mieux montrer son mépris du genre humain, il avait revêtu un tricot sordide, dont le lainage bleuâtre paraissait sous son paletot aux boutonnières déchirées, il avait coiffé un chapeau de paille défoncé que la bonne Marguerite, sa femme, avait mis sur le cerisier du jardin, dans la saison des cerises. Aussi regarda-t-il avec pitié la cravate blanche de M. Bergeret.

— Vous venez, lui dit-il, de tirer votre chapeau à une fameuse coquine.

M. Bergeret n'entendit pas sans souffrance un langage si disgracieux et si peu philosophique. Mais il pardonnait beaucoup à la misanthropie, et c'est avec douceur qu'il s'efforça de reprendre M. Mazure sur l'indélicatesse de son propos.

— Mon cher monsieur Mazure, j'attendais de votre science profonde un jugement plus équitable sur une dame qui ne fait de mal à personne.

M. Mazure répliqua sèchement qu'il n'aimait pas les farceuses. Ce n'était pas de sa part l'expression d'un sentiment sincère. M. Mazure n'avait pas proprement une doctrine morale. Mais il s'entêtait dans sa mauvaise humeur.

— Allons! dit M. Bergeret en soupirant, je reconnais le tort de madame de Gromance.

Elle est née cent cinquante ans trop tard. Dans la société du xviiie siècle elle n'aurait pas encouru le blâme d'un homme d'esprit.

M. Mazure, flatté, se radoucit. Il n'était pas un puritain farouche. Mais il respectait le mariage civil auquel les législateurs de la Révolution avaient communiqué une dignité nouvelle. Il ne niait pas pour cela les droits du cœur et des sens. Il admettait les femmes légères en même temps que les matrones.

— A propos, ajouta-t-il, comment va madame Bergeret?

Le vent du nord soufflait sur la place Saint-Exupère et M. Bergeret voyait le nez de M. Mazure rougir sous le bord rabattu du chapeau de paille. Lui-même avait froid aux pieds, aux genoux, et il pensait à madame de Gromance pour se remettre un peu de chaleur et de joie dans les veines.

La boutique de Paillot n'était pas ouverte. Les deux savants se voyaient sans feu ni lieu et ils se regardaient l'un l'autre avec une tristesse sympathique.

Et M. Bergeret se disait en lui-même, d'un cœur amical :

— Quand j'aurai quitté ce compagnon dont la pensée est courte et grossière, je retomberai dans la solitude de cette ville hostile; ce sera horrible.

Ses pieds restaient attachés aux pavés pointus de la place, tandis que le vent lui brûlait les oreilles.

— Je vous reconduis jusqu'à votre porte, lui dit l'archiviste du département.

Et ils allèrent tous deux, côte à côte, saluant çà et là des citadins en habits du dimanche qui portaient des sacs de bonbons et des polichinelles.

— Cette comtesse de Gromance, dit l'archiviste, est une Chapon. On ne connaît qu'un Chapon : son père, le plus franc fesse-mathieu de la province. Mais j'ai déniché le dossier des Gromance, qui appartiennent à la petite noblesse de la région. Il y a une demoiselle Cécile de Gromance qui se fit faire en 1815 un enfant par un Cosaque. Ce sera un joli sujet d'article pour une feuille locale. J'en prépare toute une série.

M. Mazure disait vrai. Ennemi farouche de ses compatriotes, chaque jour, du lever au coucher du soleil, seul en son grenier poudreux, sous le toit de la préfecture, il compulsait furieusement les six cent trente-sept mille layettes qui y étaient entassées, à la seule fin d'y découvrir des anecdotes scandaleuses sur les principales familles du département. Et là, dans l'amas des parchemins gothiques et des papiers timbrés par deux siècles de fiscaux aux armes de six rois, de deux empereurs et de trois républiques, il riait dans la poussière, en soulevant les témoignages, à demi dévorés par les vers et par les souris, des crimes anciens et des fautes expiées.

Et voici que, le long des tortueuses Tintelleries, il entretenait de ces trouvailles cruelles M. Bergeret, indulgent aux fautes des aïeux et curieux seulement de mœurs et d'usages. Mazure avait trouvé, disait-il, dans les archives, un Terremondre qui, terroriste et président du club des Sans-Culottes dans sa ville en 1793, avait changé ses prénoms de Nicolas-Eustache en ceux de Marat-Peuplier. Et Mazure s'était hâté de fournir à son collègue de la Société d'archéologie, M. Jean de Terremondre, monarchiste rallié et clérical, des notes sur cet aïeul oublié, Marat-Peuplier Terremondre, auteur d'un hymne à sainte Guillotine. Il avait aussi découvert un arrière-grand-oncle du vicaire général de l'archevêché, un sieur de Goulet, ou plus exactement, comme il signait lui-même, un Goulet-Trocard, qui, fournisseur aux armées, avait été condamné aux travaux forcés, en 1812, pour avoir livré, au lieu de bœuf, la viande de chevaux morveux. Et les pièces de ce procès avaient été publiées dans la feuille avancée du département. M. Mazure annonçait des révélations plus terribles encore sur la famille Laprat, pleine d'incestes; la famille Courtrai, flétrie dans un de ses membres, pour haute trahison, en 1814; la famille Dellion, enrichie par l'agiotage sur les blés; la famille Quatrebarbe, qui sort de deux chauffeurs, un homme et une femme, pendus à un arbre de la côte Duroc, sous le Consulat, par les habitants eux-mêmes. Et l'on rencontrait encore, aux environs de 1860, des vieillards qui se rappelaient avoir vu, dans leur enfance, sous la branche d'un chêne, une forme humaine autour de laquelle flottait une longue chevelure noire, dont s'effrayaient les chevaux.

— Elle resta pendue trois ans, s'écria l'archiviste, et c'est la propre grand'mère d'Hyacinthe Quatrebarbe, l'architecte diocésain !

— C'est fort curieux, mais il faut garder cela pour nous, dit M. Bergeret.

Mazure ne l'écoutait pas. Il voulait tout publier, tout faire paraître, malgré le préfet, M. Worms-Clavelin, qui disait sagement : « On doit éviter les sujets de scandale et les motifs de division », et qui menaçait l'archiviste de le faire révoquer s'il continuait la divulgation des vieux secrets de famille.

— Ah! s'écria Mazure en ricanant dans sa barbe emmêlée, on saura qu'en 1815 une demoiselle de Gromance a fait un petit Cosaque.

Depuis un moment déjà, M. Bergeret, arrivé à sa porte, tenait le bouton de la sonnette :

— Que cela est peu de chose! dit-il. Cette pauvre demoiselle a fait ce qu'elle a pu. Elle est morte, le petit Cosaque est mort. Laissons leur mémoire en paix, ou, si nous la réveillons un moment, que ce soit avec indulgence. Quelle ardeur vous emporte, mon cher monsieur Mazure ?

— L'ardeur de la justice.

M. Bergeret tira le cordon de la sonnette :

— Adieu, monsieur Mazure, ne soyez pas juste et soyez indulgent. C'est la bonne année que je vous souhaite.

M. Bergeret regarda, par la vitre sale de la loge, s'il n'y avait pas quelque lettre ou quelque papier dans sa case : la curiosité subsistait dans son esprit des lettres envoyées de loin et des revues littéraires. Mais il ne trouva que des cartes de visite qui lui représentaient des personnes aussi minces et pâles que les cartes elles-mêmes, et une note de mademoiselle Rose, modiste aux Tintelleries. En jetant les yeux sur cette note, il songea que madame Bergeret devenait dépensière, et que la maison se faisait lourde. Il en sentait le poids sur ses épaules et il lui semblait, dans le vestibule, porter sur son dos le plancher de son appartement avec le piano du salon et la terrible armoire à robes où s'engouffrait tout son peu d'argent et qui était toujours vide. Ainsi opprimé par des pensées domestiques, il saisit la rampe de fer, qui déroulait en courbes lentes son grillage fleuri, et commença de gravir, la tête basse et le souffle court, les marches de pierre, aujourd'hui noircies, usées, fendues, rapiécées, garnies de briques effritées et de carrelages ignobles, et qu'aux jours anciens de leur claire nouveauté enjambaient à l'envi les gentilshommes et les jolies filles pressés d'aller faire leur cour au traitant Pauquet, enrichi des dépouilles de toute la province. Car M. Bergeret logeait dans l'hôtel Pauquet de Sainte-Croix, déchu de sa gloire, dépouillé de ses richesses, déshonoré par un étage de plâtre qui avait pris la place de son élégant attique et de son toit majestueux, offusqué par les hautes bâtisses élevées de tous côtés sur ses jardins aux mille statues, sur ses pièces d'eau, sur son parc et jusque dans sa cour d'honneur où Pauquet avait fait élever un monument allégorique à son roi qui lui faisait rendre gorge tous les cinq ou six ans, et le laissait à nouveau se gorger d'or.

Cette cour, bordée d'un superbe portique toscan, avait disparu lors de la rectification, en 1857, de l'alignement des Tintelleries. Et l'hôtel Pauquet de Sainte-Croix n'était plus qu'une disgracieuse maison de rapport, fort mal tenue par le vieux couple des portiers Gaubert, qui méprisaient M. Bergeret pour sa douceur et n'admiraient point sa libéralité réelle, parce que c'était celle d'un homme peu riche, tandis qu'ils considéraient avec respect ce que donnait M. Raynaud qui donnait peu, mais aurait pu donner beaucoup, et dont la pièce de cent sous avait cela de beau qu'elle venait d'un trésor.

M. Bergeret, parvenu au premier étage, où logeait ce M. Raynaud, propriétaire de terrains situés dans le quartier de la nouvelle gare, regarda, selon sa coutume, le bas-relief qui surmontait la porte. On y voyait le vieux Silène sur son âne parmi des nymphes. C'est tout ce qui restait de la décoration intérieure de l'hôtel qui avait été construit sous Louis XV, à l'époque où le style français voulut être antique et, trop heureux pour y parvenir, acquit cette pureté, cette fermeté, cette noblesse élégante qu'on remarque particulièrement dans les plans de Gabriel. Et précisément l'hôtel Pauquet de Sainte-Croix avait été dessiné par un élève de cet architecte excellent. Mais on l'avait déshonoré avec méthode. Si, par économie, et pour épargner un peu de peine et d'argent, on n'avait pas arraché le petit bas-relief de Silène et des nymphes, du moins l'avait-on peint à l'huile, comme tout l'escalier, avec un décor imitant le granit rouge. Une tradition locale voulait que ce Silène fût le portrait du traitant Pauquet, qui passait pour l'homme le plus laid de son temps et le plus aimé des femmes ; mais M. Bergeret, sans être grand connaisseur en art, retrouvait dans cette figure, à la fois grotesque et sublime, du vieillard divin, un type consacré par les deux antiquités et par la Renaissance. Il se gardait de tomber dans l'erreur commune; pourtant ce Silène entouré de nymphes ramenait par un facile détour sa pensée sur ce Pauquet qui avait joui de tous les biens de ce monde dans les mêmes murs où lui-même menait une vie ingrate et difficile.

— Ce financier, songeait-il sur le palier, prenait de l'argent au roi qui lui en prenait. Ainsi s'établissait l'équilibre. Il ne conviendrait pas de vanter excessivement les finances de la monarchie puisque, finalement, le déficit causa la fin du régime. Mais ce point est à noter qu'alors le roi était l'unique propriétaire des biens meubles et immeubles du royaume. Toute maison appartenait au roi, en foi de quoi le sujet qui en avait la jouissance faisait mettre les armes royales sur la plaque du foyer. Ce n'est pas dans l'exercice du droit de réquisition, mais comme propriétaire, que Louis XIV envoyait à la monnaie la vaisselle plate de ses sujets pour payer les frais de la guerre. Il faisait fondre même les trésors des églises et j'ai lu récemment qu'il avait fait enlever les ex-voto de Notre-Dame de Liesse, en Picardie, parmi lesquels se trouvait le sein que la reine de Pologne y avait déposé en reconnaissance de sa guérison miraculeuse. Tout alors appartenait au roi, c'est-à-dire à l'État. Et ni les socialistes qui réclament aujourd'hui la nationalisation des propriétés privées, ni les propriétaires qui entendent conserver leur bien ne prennent garde que cette nationalisation serait en quelque sorte un retour à l'ancien régime. On goûte un plaisir philosophique à considérer que la Révolution a été faite en définitive pour les acquéreurs de biens nationaux et que la Déclaration des droits de l'homme est devenue la charte des propriétaires.

» Ce Pauquet, qui faisait venir ici les plus jolies filles de l'Opéra, n'était pas chevalier de Saint-Louis. Il serait aujourd'hui commandeur de la Légion d'honneur et les ministres des finances viendraient prendre ses ordres. Il avait les jouissances de l'argent ; il en aurait maintenant les honneurs. Car l'argent est devenu honorable. C'est notre unique noblesse. Et nous n'avons détruit les autres que pour mettre à la place cette noblesse, la plus oppressive, la plus insolente et la plus puissante de toutes.

M. Bergeret fut distrait en cet endroit de ses réflexions par une compagnie d'hommes, de femmes et d'enfants qui sortaient de chez M. Raynaud. Il discerna que c'était la troupe des parents pauvres, venus pour souhaiter la bonne année au vieillard, et il crut voir qu'ils avaient le nez long sous leurs chapeaux neufs. Il continua de monter l'escalier, car il demeurait au troisième étage, qu'il nommait volontiers la troisième chambre, pour parler comme au XVIIe siècle. Et, pour illustrer ce terme vieilli, volontiers il citait les vers de La Fontaine :

> Que sert à vos pareils de lire incessamment ?
> Ils sont toujours logés à la troisième chambre,
> Vêtus au mois de juin comme au mois de décembre
> Ayant pour tout laquais leur ombre seulement.

Peut-être faisait-il abus de ces vers, et de cette façon de dire, qui exaspérait madame Bergeret, fière d'occuper un appartement au centre de la ville, dans une maison bien habitée.

— Gagnons, se dit-il, la troisième chambre.

Il tira sa montre et vit qu'il était onze heures. Il avait dit qu'il ne rentrerait qu'à midi, comptant passer une heure dans la boutique de Paillot. Mais il en avait trouvé les volets clos. Les jours de fête et les dimanches lui étaient pénibles, pour cette seule raison que la librairie était fermée ces jours-là. Il n'avait pu faire sa visite coutumière à Paillot, et il lui en restait un malaise.

Parvenu au troisième étage, il coula sans bruit sa clef dans la serrure et entra de son pas timide dans la salle à manger. C'était une pièce assez sombre sur laquelle M. Bergeret n'avait pas d'opinion arrêtée, mais que madame Bergeret jugeait de bon goût à cause de la suspension de cuivre qui surmontait la table, des chaises et du buffet de chêne sculpté qui composaient l'ameublement, de l'étagère d'acajou, chargée de petites tasses, et surtout à cause des assiettes de faïence peinte qui garnissaient le mur. En pénétrant dans cette pièce par l'antichambre noire, on avait à main gauche la porte du cabinet de travail, à main droite la porte du salon. M. Bergeret avait coutume, en rentrant chez lui, de passer à gauche dans son cabinet où il trouvait ses pantoufles, ses livres, la solitude. Cette fois, il se dirigea à droite, sans motif, sans raison, sans aucun sentiment. Il tourna le bouton de la serrure, poussa la porte, fit un pas et se trouva dans le salon.

Il vit alors sur le canapé des formes humaines enlacées dans une attitude violente qui tenait de l'amour et de la lutte et qui, dans le fait, était celle de la volupté. Madame Bergeret avait la tête renversée et cachée, mais l'expression de ses sentiments paraissait sur ses bas rouges amplement découverts. La physionomie de M. Roux présentait cet air tendu, grave, fixe, maniaque qui ne trompe pas, bien qu'on ait peu l'occasion de l'observer, et qui s'accordait avec le désordre de ses vêtements. Au reste, tout se transforma en moins d'une seconde. Et M. Bergeret n'eut plus sous les yeux que deux personnes tout à fait différentes de celles qu'il avait surprises ; deux personnes gênées dans leur maintien, d'aspect bizarre, un peu comique. Il aurait cru s'être trompé, si la première image ne s'était gravée dans ses yeux avec une force égale à sa rapidité.

VI

A la vue de cette flagrante action, le premier mouvement de M. Bergeret fut celui d'un homme simple et violent et d'un animal féroce. Issu d'une longue suite d'aïeux inconnus, parmi lesquels se trouvaient nécessairement des âmes rudes et barbares, héritier de ces générations innombrables d'hommes, d'anthropoïdes et de bêtes sauvages dont nous sortons tous, le maître de conférences à la Faculté des lettres avait acquis, avec les germes de la vie, les instincts destructeurs de l'antique humanité. Sous le choc, ces instincts s'éveillèrent. Il eut soif de carnage et voulut tuer M. Roux et madame Bergeret. Mais il le voulut sans force et sans durée. Il en était de sa férocité comme des quatre dents de loup qu'il avait dans la bouche et comme des ongles de carnassier qui armaient ses doigts ; la vigueur première en était bien diminuée. Enfin M. Bergeret pensa tuer M. Roux et madame Bergeret, mais il le pensa peu. Il fut sauvage et cruel, mais il le fut très médiocrement et durant un espace de temps si bref, que nul acte ne put suivre le sentiment et que l'expression même de ce sentiment échappa par sa rapidité aux deux témoins intéressés à la surprendre. En moins d'une seconde, M. Bergeret cessa d'être purement instinctif, primitif et destructeur, sans cesser toutefois d'être jaloux et irrité. Au contraire, son indignation s'accrut. Dans ce nouvel état, sa pensée n'était plus simple ; elle devenait sociale ; il y roulait confusément des débris de vieilles théologies, des fragments du Décalogue, des lambeaux d'éthique, des maximes grecques, écossaises, allemandes, françaises, des morceaux épars de législation morale qui, battant son cerveau comme des pierres à fusil, le mettaient en feu. Il se sentit patriarche, père de famille à la façon romaine, seigneur et justicier. Il eut l'idée vertueuse de punir les coupables. Après avoir voulu tuer madame Bergeret et M. Roux par instinct sanguinaire, il voulait les tuer par considération pour la justice. Il prononça contre eux des peines ignominieuses et terribles. Il épuisa sur eux les sévérités des coutumes gothiques. Ce passage à travers les âges des sociétés constituées fut plus long que le premier. Il dura deux secondes entières, pendant lesquelles les deux complices introduisirent dans leur attitude des changements assez discrets pour n'être point remarqués et si essentiels que le caractère de leurs relations en était complètement transformé.

Enfin, les idées religieuses et morales s'étant toutes abîmées les unes sur les autres dans son esprit, M. Bergeret n'éprouvait plus qu'une impression de malaise et il sentait le dégoût recouvrir comme une vaste nappe d'eau sale les flammes de sa colère. Trois secondes pleines s'étaient écoulées et il n'avait point agi, et il était plongé dans un abîme d'irrésolution. Par un instinct obscur et confus, mais qui tenait à son caractère, il avait, dès l'abord, détourné ses regards du canapé, et il les fixait sur le guéridon placé près de la porte, et qui était recouvert d'un tapis de coton olive sur lequel des chevaliers du moyen âge étaient imprimés en couleur. Et ce tissu imitait la vieille tapisserie. M. Bergeret, durant ces trois secondes interminables, avait nettement distingué un petit page qui tenait le casque d'un des chevaliers du tapis. Tout à coup, sur le guéridon, parmi les livres reliés en toile rouge et dorés que madame Bergeret y déposait comme de nobles ornements, il reconnut, à la couverture jaune, le *Bulletin de la Faculté*, qu'il y avait laissé lui-même la veille au soir. La vue de cette brochure lui suggéra l'action la plus conforme à son génie. Il étendit la main, saisit le bulletin et sortit de ce salon où il avait eu la funeste idée d'entrer.

Seul dans la salle à manger, il se trouva malheureux et accablé. Il se tenait aux chaises pour ne pas tomber et il aurait senti de la douceur à pleurer. Mais sa disgrâce avait une amertume et comme un caustique qui lui séchait les larmes dans les yeux. Cette petite salle à manger qu'il avait traversée quelques secondes auparavant, il lui semblait que, s'il l'avait déjà vue, c'était dans une autre vie. Il lui semblait que c'était dans une existence antérieure et lointaine qu'il avait vécu familièrement avec le petit buffet de chêne sculpté, les étagères d'acajou chargées de petites tasses peintes, les assiettes de faïence pendues au mur, qu'il s'était assis à cette table ronde entre sa femme et ses filles. Ce n'était pas son bonheur qui était détruit (il n'avait jamais été heureux), c'était sa pauvre vie domestique, son existence intime, déjà si froide et pénible, maintenant déshonorée et renversée, dont il ne subsistait plus rien.

Quand la jeune Euphémie vint mettre le couvert, il tressaillit comme devant une des ombres de ce petit monde évanoui dans lequel il avait vécu jadis.

Il alla s'enfermer dans son cabinet, s'assit devant sa table, ouvrit au hasard le *Bulletin de la Faculté*, se posa soigneusement la tête dans les mains, et lut par habitude.

Il lut :

« *Notes sur la pureté de la langue.* Les langues sont semblables à d'antiques forêts où les mots ont poussé comme ils ont voulu ou comme ils ont pu. Il y en a de bizarres et même de monstrueux. Ils forment, réunis dans le discours, de magnifiques harmonies, et il serait barbare de les tailler comme les tilleuls des promenades publiques. Il faut respecter ce que le grand descriptif nomme *la cime indéterminée...* »

— Et mes filles ! pensa M. Bergeret. Elle aurait dû penser à elles. Elle aurait dû penser à nos filles...

Puis il lut sans comprendre :

« Certes, tel mot est un monstre. Nous disons *le lendemain,* c'est-à-dire *le le en demain,* et il est clair qu'il faudrait dire *l'en demain* ; nous disons *le lierre* pour *l'ierre,* qui serait seul régulier. Le langage sort d'un fond populaire. Il est plein d'ignorances, d'erreurs, de fantaisies, et ses plus grandes beautés sont ingénues. Il a été fait par des ignorants qui ne connaissaient que la nature. Il nous vient de loin, et ceux qui nous l'ont transmis n'étaient pas des grammairiens de la force de Noël et Chapsal. »

Et il songeait :

— A son âge, dans sa condition modeste,

difficile !... car je comprends qu'une femme belle, oisive, sollicitée... Mais elle !

Et comme il était liseur, il lisait malgré lui :

« Usons-en comme d'un précieux héritage. Et n'y regardons pas de trop près. Pour parler et même pour écrire, il serait dangereux de s'inquiéter à l'excès des étymologies... »

— Et lui, mon élève préféré, que j'ai admis dans ma maison... ne devait-il pas ?...

« L'étymologie nous apprend que *Dieu* est *ce qui brille*, et que l'*âme* est un *souffle*, mais l'humanité a mis dans ces vieux mots des sens qu'ils ne contenaient pas d'abord... »

— Adultère !

Ce mot lui vint aux lèvres si net qu'il crut le sentir dans sa bouche comme une plaquette de métal, comme une mince médaille. Adultère !...

Il se représenta soudain tout ce que ce mot contenait d'usuel, de domestique, de ridicule, de gauchement tragique ou de platement comique, de saugrenu, de biscornu ; et, dans sa tristesse, il ricana.

Ayant beaucoup pratiqué Rabelais, La Fontaine et Molière, il se donna proprement le nom qu'il savait, à n'en point douter, lui être convenable. Mais il cessa de rire, si tant est qu'il avait ri.

— Sans doute, se dit-il, cette aventure est petite et commune. Mais, étant moi-même petit dans la communauté humaine, j'y suis proportionné ; il me paraît qu'elle est considérable pour moi, et je ne dois pas avoir honte de la douleur qu'elle me cause.

Et, par l'effet de cette pensée, il entra dans sa douleur et s'en enveloppa. Pris, comme un malade, d'une grande pitié de soi, il chassait les images pénibles et les idées importunes qui se reformaient sans cesse dans sa tête brûlante. Ce qu'il avait vu lui donnait un grand déplaisir physique, dont il s'appliqua tout de suite à rechercher la cause, parce qu'il avait l'esprit naturellement philosophique.

— Les objets, se dit-il, qui se rapportent aux plus violents désirs dont se puissent émouvoir la chair et le sang ne sauraient être considérés avec indifférence, et dès qu'ils n'inspirent pas la volupté, ils soulèvent le dégoût. Ce n'est pas que madame Bergeret fût capable par elle-même de me faire passer par ces alternatives ; mais enfin elle est une des formes les moins aimables, à la vérité, et, pour moi, les moins mystérieuses, mais toutefois les plus caractéristiques et les mieux déterminées, de cette Vénus, volupté des hommes et des dieux. Et son image, associée à celle de M. Roux, mon élève, dans un mouvement commun, et dans un sentiment mutuel, la ramenait précisément au type élémentaire dont je dis qu'il ne peut inspirer que l'attrait ou la répulsion. Ainsi voyons-nous que tout symbole érotique favorise ou contrarie le désir, et pour cela attire ou détourne le regard avec une égale force, selon la disposition physiologique des spectateurs et, parfois, selon les états successifs d'un même témoin.

» Cette observation nous amène à reconnaître la véritable raison qui fait que partout et de tout temps les actes érotiques furent accomplis secrètement, afin de ne pas causer dans le public des émotions violentes et contraires. On en vint même à cacher tout ce qui pouvait rappeler ces actes. Ainsi naquit la Pudeur, qui règne sur tous les hommes, et particulièrement chez les peuples lascifs.

Et M. Bergeret songea :

— Une occasion m'a permis de découvrir l'origine de cette vertu qui n'est la plus variable de toutes que parce qu'elle est la plus universelle, la Pudeur, que les Grecs nommaient la Honte. Des préjugés fort ridicules se sont ajoutés à cette habitude qui prend son origine dans une disposition d'esprit propre à l'homme et commune à tous les hommes, et en ont obscurci le caractère. Mais je suis maintenant en état de constituer la véritable théorie de la Pudeur. Newton trouva sous un arbre, à meilleur compte, les lois de la gravitation.

Ainsi songeait M. Bergeret dans son fauteuil. Mais les mouvements de son âme étaient si mal réglés que, tout aussitôt, il roula des yeux sanglants, grinça des dents et serra les poings jusqu'à s'enfoncer les ongles dans les paumes. C'était l'image de M. Roux, son élève, qui était venue se planter sous son regard avec une exactitude impitoyable, dans cet état qui ne doit pas être vu, pour les raisons que le maître de conférences venait de déduire excellemment. M. Bergeret n'était pas privé de cette faculté qu'on nomme la mémoire visuelle. Sans avoir l'œil riche de souvenirs, comme le peintre qui emmagasine d'immenses et innombrables tableaux dans un pli de son cerveau, il se représentait sans trop d'effort et assez fidèlement les spectacles anciens qui avaient intéressé son regard ; il gardait soigneusement dans l'album de sa mémoire l'esquisse d'un bel arbre, d'une femme gracieuse, qui s'étaient une fois peints sous ses prunelles. Mais jamais image mentale ne lui était apparue nette, précise, colorée, à la fois minutieuse et forte, pleine, compacte, solide, puissante, comme lui apparaissait audacieusement à cette heure M. Roux, son élève, uni à madame Bergeret. Cette représentation, entièrement conforme à la réalité, était odieuse ; elle était inique, en ce qu'elle prolongeait indéfiniment une action d'elle-même fugitive. L'illusion parfaite qu'elle produisait revêtait les caractères d'une obstination cynique et d'une intolérable permanence. Et M. Bergeret, cette fois encore, eut envie de tuer M. Roux, son élève. Il en fit le geste, il en eut une idée forte comme un acte, dont il resta accablé.

Puis il réfléchit et, lentement, mollement, il s'égara dans un dédale d'incertitudes et de contradictions. Ses idées se diluaient, mêlaient, fondaient leurs teintes, comme des gouttes d'aquarelle dans un verre d'eau. Et bientôt il perdit jusqu'à l'intelligence de l'événement.

Il promena ses malheureux regards autour de lui, examina les fleurs du papier de tenture et remarqua qu'il y avait des bouquets mal raccordés, en sorte que des moitiés d'œillets rouges ne se rejoignaient pas. Il regarda ses livres rangés sur les tablettes de sapin. Il regarda la petite pelote de soie et de crochet que madame Bergeret avait faite elle-même et lui avait donnée, quelques années auparavant, pour sa fête. Alors il s'attendrit à la pensée de l'intimité rompue. Il n'avait jamais beaucoup aimé cette femme, qu'il avait épousée sur des conseils d'amis, dans l'incapacité où il était de s'occuper de ses propres affaires. Il ne l'aimait plus.

Mais elle était une grande part de sa vie. Il songea à ses filles, en ce moment auprès de leur tante à Arcachon, à Pauline, l'aînée, qui lui ressemblait et qui était sa préférée. Et il pleura.

Tout à coup, il vit à travers ses larmes le mannequin d'osier sur lequel madame Bergeret taillait ses robes et qu'elle avait coutume de placer dans le cabinet de M. Bergeret, devant la bibliothèque, sans entendre les murmures du professeur qui se plaignait d'embrasser et de promener cette femme d'osier chaque fois qu'il lui fallait prendre des livres sur les rayons. De tout temps, M. Bergeret s'était senti agacé par cette machine qui lui rappelait à la fois les cages à poulet des paysans et une certaine idole de jonc tressé, qu'il voyait, enfant, sur une des estampes de son histoire ancienne, et dans laquelle les Phéniciens brûlaient, disait-on, des esclaves. Mais elle lui rappelait surtout madame Bergeret, et, bien que cette chose fût sans tête, il s'attendait sans cesse à l'entendre glapir, gémir et gronder. Cette fois la chose sans tête lui parut madame Bergeret elle-même, madame Bergeret odieuse et grotesque. Il se jeta sur elle, l'étreignit, fit craquer sous ses doigts, comme les cartilages des côtes, l'osier du corsage, la renversa, la foula aux pieds, l'emporta gémissante et mutilée, et la jeta par la fenêtre dans la cour du tonnelier Lenfant, où elle s'abîma parmi des seaux et des baquets. Il avait conscience d'avoir accompli une action symbolique à la vérité, mais absurde néanmoins et ridicule. Il en éprouvait en somme quelque soulagement. Et quand la jeune Euphémie vint lui dire que le déjeuner refroidissait, il haussa les épaules, traversa résolument la salle à manger encore déserte, prit son chapeau dans l'antichambre et descendit l'escalier.

Sous la porte cochère, il s'aperçut qu'il ne savait où aller ni que faire, et qu'il n'avait pris aucune résolution. Quand il fut dehors, il remarqua qu'il pleuvait et qu'il n'avait pas de parapluie. Il en éprouva une contrariété fort petite, qui lui fut pourtant une distraction. Comme il hésitait à se jeter sous l'averse, il aperçut sur le plâtre du mur, au-dessous de la sonnette, un dessin au crayon, tracé à portée du bras d'un enfant. C'était un bonhomme : deux points et deux raies dans un rond faisaient le visage, un ovale formait le corps ; les bras et les jambes étaient marqués par de simples lignes qui, jetées en rayons de roue, donnaient quelque gaieté à ce barbouillage, exécuté dans le style classique des polissonneries murales. Il était tracé depuis quelque temps déjà, car il portait des marques de frottement et avait été à demi effacé par endroits. Mais M. Bergeret le remarqua pour la première fois, parce que sans doute ses facultés d'observation venaient d'être mises en éveil.

— Un *grafitto !* s'écria mentalement le professeur.

Et il prit garde que la tête de ce bonhomme était surmontée de deux cornes et qu'on avait écrit à côté, pour le faire reconnaître : *Bergeret*.

— On le savait ! se dit-il à cette vue. Les polissons qui vont à l'école le publient sur les murs et je suis la fable de la ville. Cette femme me trompe peut-être depuis longtemps et avec toutes sortes de personnes. Ce *grafitto* seul m'instruit mieux que n'eût pu faire une longue et minutieuse enquête.

Et sous la pluie, les pieds dans la boue, il examina le *grafitto ;* il observa que les lettres de l'inscription étaient mal formées et que les lignes du dessin suivaient la pente de l'écriture.

Et il s'en alla, sous l'averse, songeant aux *grafitti* tracés jadis par des mains ignorantes sur les murs de Pompéi et maintenant déchiffrés, recueillis et illustrés par des philologues. Il songea au *grafitto* du Palatin, à ces traits hâtifs et maladroits dont un soldat oisif égratigna le mur du corps de garde.

— Voilà dix-huit siècles que ce soldat romain a fait la caricature de son camarade Alexandros, adorant un dieu à tête d'âne, mis en croix. Aucun monument de l'antiquité ne fut plus curieusement étudié que ce *grafitto* du Palatin. Il est reproduit dans d'innombrables recueils. Maintenant j'ai, tout comme Alexandros, mon *grafitto*. Qu'un cataclysme, abîmant demain cette vilaine et triste ville, la réserve à la science du xxxe siècle, et qu'en ce lointain avenir mon *grafitto* soit découvert, qu'en diront les savants? En comprendront-ils la symbolique grossière? Pourront-ils seulement épeler mon nom écrit avec les lettres d'un alphabet perdu?

M. Bergeret gagna, sous une pluie fine, dans l'air fade, la place Saint-Exupère. Il vit, entre deux contreforts de l'église, l'échoppe qui portait une botte rouge pour enseigne. Alors, s'avisant que ses chaussures, fatiguées par un long usage, s'imprégnaient d'eau, et songeant qu'il se devait de prendre seul désormais le soin de ses habits, dont il s'était remis jusqu'à ce jour à madame Bergeret, il alla droit chez le savetier. Il le trouva qui piquait des clous dans une semelle.

— Bonjour, Piedagnel!

— Bien le bonjour, monsieur Bergeret! Qu'est-ce qu'il faut pour votre service, monsieur Bergeret?

Et le bonhomme, levant sur son client sa tête anguleuse, découvrit d'un sourire sa bouche édentée. Sa face maigre, où se creusait le trou noir des yeux et que terminait un menton saillant, avait le style dur et pauvre, le ton jaune, l'air malheureux, des figures de pierre sculptées au portail de cette vieille église contre laquelle il était né, avait vécu et devait mourir.

— Soyez tranquille, monsieur Bergeret,

j'ai votre pointure, et je sais que vous aimez à vous sentir à l'aise dans vos chaussures. Vous avez bien raison, monsieur Bergeret, de ne pas chercher à faire petit pied.

— Mais j'ai le cou-de-pied assez haut et la plante du pied cambrée, objecta M. Bergeret. Prenez-y garde !

M. Bergeret n'était pas vain de son pied. Mais il avait lu un jour que M. de Lamartine montrait avec orgueil son pied nu, hautement coudé et portant sur le sol en arche de pont. Et M. Bergeret s'autorisait de cet exemple pour goûter quelque plaisir à n'avoir pas le pied plat. Il s'assit sur une chaise de paille garnie d'un vieux carré d'Aubusson et regarda l'échoppe et le savetier. Sur le mur, blanchi à la chaux et traversé de lézardes profondes, un brin de buis était passé dans les bras d'une croix de bois noir. Et le petit Christ de cuivre, cloué à cette croix, penchait la tête sur le savetier cloué à son tabouret, derrière le comptoir où s'entassaient les cuirs taillés et les formes de bois qui, toutes, portaient des rondelles de cuir à l'endroit où le pied que ces formes représentaient portait lui-même une excroissance douloureuse. Un petit poêle en fonte était chauffé à blanc, et l'on sentait une forte odeur de cuir et de cuisine.

— Je vois avec plaisir, dit M. Bergeret, que vous avez autant d'ouvrage que vous pouvez en désirer.

Mais le savetier fit entendre des plaintes obscures, confuses et vraies. Ce n'était plus comme autrefois. Maintenant on ne pouvait soutenir la concurrence de la grande confection. Le client achetait des chaussures toutes faites, dans des magasins à l'instar de Paris.

— Mes clients meurent, ajouta-t-il. J'ai perdu M. le curé Rieu. Il reste les ressemelages ; mais c'est ingrat.

Et M. Bergeret fut pris de tristesse à la vue de ce savetier gothique, gémissant sous son petit crucifix. Il lui demanda avec un peu d'hésitation :

— Votre fils doit bien avoir vingt ans ? Qu'est-il devenu ?

— Firmin ? vous savez peut-être, répondit le bonhomme, qu'il est parti du séminaire, parce qu'il n'avait pas la vocation. Ces messieurs ont eu la bonté de s'intéresser à lui, après l'avoir fait sortir de leur maison. M. l'abbé Lantaigne lui a trouvé une place de précepteur en Poitou, chez un marquis. Mais Firmin a refusé par rancune. Il est à Paris, répétiteur dans une institution de la rue Saint-Jacques, mais il ne gagne pas beaucoup.

Et le savetier ajouta tristement :

— Ce qu'il me faudrait...

Il n'acheva pas et reprit :

— Je suis veuf depuis douze ans. Ce qu'il me faudrait, c'est une femme, parce qu'il faut une femme pour tenir un ménage.

Il se tut, enfonça trois clous dans le cuir de la semelle et dit :

— Seulement il me faudrait une femme sérieuse.

Il s'était remis à sa besogne. Tout à coup, levant vers le ciel brumeux sa face morne et souffrante, il murmura :

— Et puis, c'est si triste d'être seul !

M. Bergeret eut un mouvement de joie. Il venait d'apercevoir Paillot sur le seuil de sa boutique. Il se leva :

— Bonjour, Piedagnel ! Tenez le cou-de-pied assez haut surtout !

Mais le savetier le retenant d'un regard suppliant, lui demanda s'il ne connaîtrait point, par hasard, une femme, pas toute jeune, travailleuse, une veuve, qui voudrait épouser un veuf ayant un petit commerce.

M. Bergeret regardait avec stupeur cet homme qui voulait se marier. Et Piedagnel suivait son idée :

— Il y a bien, dit-il, la porteuse de pain des Tintelleries. Mais elle aime la boisson. Il y a aussi la servante du défunt curé de

Sainte-Agnès. Mais elle est fière, parce qu'elle a des économies.

— Piedagnel, dit M. Bergeret, ressemelez les souliers de nos concitoyens, demeurez solitaire, reclus, content, dans votre échoppe et ne vous remariez pas, ce ne serait guère sage.

Il tira sur lui la porte vitrée, traversa la place Saint-Exupère et entra chez Paillot.

Le libraire était seul dans sa boutique. C'était un esprit aride et sans lettres. Il parlait peu et ne songeait jamais qu'à son commerce ou à sa maison de campagne de la côte Duroc. Mais M. Bergeret avait pour le libraire et la librairie un goût qui ne s'expliquait pas. Chez Paillot, il se sentait à l'aise et c'est là que les idées lui venaient en abondance.

M. Paillot était riche et ne se plaignait jamais. Toutefois il fit entendre à M. Bergeret qu'on ne gagnait plus avec les livres de classes ce qu'on gagnait autrefois. L'usage des sur-remises diminuait les bénéfices. Et les fournitures des écoles devenaient un casse-tête à cause des changements qui survenaient sans cesse dans les programmes.

— Autrefois, dit-il, on était plus conservateur.

— Je ne crois pas, répondit M. Bergeret. L'édifice de notre enseignement classique est perpétuellement en réparation. C'est un vieux monument qui porte dans sa structure les caractères de toutes les époques. Il montre un fronton de style Empire sur un portique jésuite; il a des galeries rocaille, des colonnades comme celle du Louvre, des escaliers de la Renaissance, des salles gothiques, une crypte romane; et si l'on en découvrait les fondements, on trouverait l'*opus spicatum* et le ciment romain. Sur chacune de ces parties ou pourrait mettre une inscription commémorative de leur origine : « Université Impériale de 1808, — Rollin, — les Oratoriens, — Port-Royal, — les Jésuites,

— les Humanistes de la Renaissance, — les Scolastiques, — les Rhéteurs latins d'Autun et de Bordeaux. » Chaque génération a fait quelque changement ou quelque agrandissement à ce palais de sapience.

M. Paillot regardait stupidement M. Bergeret en frottant sa barbe rousse sur son énorme menton. Puis il s'alla cacher, effaré, derrière son comptoir. Et M. Bergeret dut presser sa conclusion :

— C'est grâce à ces appropriations successives que la maison est encore debout. Elle périrait bientôt si l'on n'y changeait plus rien. Il convient d'en réparer les parties qui menacent ruine et d'ajouter quelques salles d'une architecture nouvelle. Mais j'entends des craquements sinistres.

Comme l'honnête Paillot se gardait de répondre à ce discours obscur qui l'effrayait, M. Bergeret s'enfonça, muet, dans le coin des bouquins.

Ce jour-là, comme les autres jours, il prit

le XXXVIII⁰ tome de l'*Histoire générale de voyages*. Ce jour-là, comme les autres jours, le livre s'ouvrit de lui-même à la page 212. Sur cette page, il vit les images mêlées de madame Bergeret et de M. Roux... Et il relut ce texte connu, sans prendre garde à ce qu'il lisait et en faisant les réflexions que lui suggéraient les conjonctures présentes :

« ver un passage au Nord. « C'est à cet échec, dit-il (Il est clair que cet événement n'est ni singulier, ni rare, et qu'il ne doit pas étonner une âme philosophique), que nous devons d'avoir pu visiter de nouveau les îles Sandwich. (Il est domestique et renverse ma maison. Je n'ai plus de maison), et enrichir notre voyage d'une découverte. (Je n'ai plus de maison, plus de maison) qui, bien que la dernière (Je suis libre moralement. Cela est considérable), semble être la plus importante que les Européens aient encore faite dans toute l'étendue de l'océan Pacifique... »

Et M. Bergeret ferma le livre. Il avait entrevu la délivrance, la liberté, une vie nouvelle. Ce n'était qu'une lueur dans les ténèbres, mais vive et fixe devant lui. Comment sortirait-il du tunnel? Il n'en savait rien. Du moins il voyait au bout la petite lumière blanche. Et, s'il gardait encore l'impression visuelle de madame Bergeret unie à M. Roux, ce n'était plus à ses yeux qu'une image incongrue, dont il n'éprouvait ni colère ni dégoût, le frontispice belge de quelque livre polisson, une vignette. Il tira sa montre et vit qu'il était deux heures. Il lui avait fallu quatre-vingt-dix minutes pour parvenir à cet état de sagesse.

VII

Quand M. Bergeret, après avoir pris sur le guéridon le *Bulletin de la Faculté*, fut sorti du salon sans rien dire, M. Roux et madame Bergeret poussèrent ensemble un long soupir.

— Il n'a rien vu, chuchota M. Roux, enclin à ne point aggraver l'aventure.

Mais madame Bergeret qui tenait, au contraire, à laisser à son complice toute sa part de responsabilité éventuelle, secoua la tête avec une expression de doute cruel. Elle était inquiète et surtout contrariée. Elle ressentait une sorte de honte aussi de s'être laissé surprendre sottement par un être facile à tromper, et qu'elle méprisait pour sa crédulité. Enfin elle était dans ce trouble où jette toute situation nouvelle.

M. Roux lui redonna l'assurance qu'il se donnait à lui-même :

— Il ne nous a pas vus. J'en suis sûr. Il n'a regardé que le guéridon.

Et comme madame Bergeret demeurait pleine de doute, il affirma qu'on ne pouvait voir de la porte les gens assis sur le canapé. Madame Bergeret voulut s'en rendre compte. Elle alla se mettre contre la porte, tandis que M. Roux, répandu sur le canapé, figurait à lui seul le groupe des amants surpris.

L'expérience n'ayant pas paru concluante, ce fut ensuite le tour de M. Roux d'aller à la porte et celui de madame Bergeret de restituer la scène d'amour.

Ils procédèrent plusieurs fois de la même façon, gravement, assez froids l'un pour l'autre et même un peu maussades. Et M. Roux ne put faire cesser les incertitudes de madame Bergeret.

Alors, il s'écria, impatienté :

— Eh bien ! s'il nous a vus, c'est un fameux...

Et il employa un mot que madame Bergeret connaissait mal, mais que, sur la mine, elle estima grossier, malséant et bassement injurieux. Elle sut mauvais gré à M. Roux de l'avoir prononcé.

M. Roux jugeant, au surplus, qu'il ne pouvait que nuire à madame Bergeret en prolongeant son séjour auprès d'elle, et désireux, par l'effet de sa délicatesse naturelle, de ne point se rencontrer avec le maître bienveillant qu'il avait offensé, murmura à l'oreille d'Amélie quelques paroles propres à la rassurer et, tout aussitôt, sur la pointe des pieds, gagna la porte. Madame Bergeret, demeurée seule, alla méditer dans sa chambre.

Il ne lui paraissait pas que ce qu'elle venait de faire fût grave en soi-même. D'abord, si elle ne s'était pas encore trouvée dans une semblable situation avec M. Roux, elle s'y était trouvée avec d'autres, en très petit nombre, il est vrai. Et puis tel acte qui, dans l'opinion, est monstrueux, apparaît à l'usage dans toute sa médiocrité plastique et son innocence naturelle. Devant la réalité le préjugé tombe. Madame Bergeret n'était pas une femme emportée hors de sa destinée domestique et bourgeoise par des forces invincibles cachées dans le secret de son être. Avec quelque tempérament, elle était raisonnable et soucieuse de sa réputation. Elle ne cherchait pas les occasions. A trente-six ans, elle n'avait encore trompé M. Bergeret que trois fois. Mais c'était assez pour qu'elle ne fût pas tentée de s'exagérer sa faute. Elle y était d'autant moins disposée que cette troisième rencontre répétait essentiellement les deux premières qui ne lui avaient donné, celles-là, ni assez de peine, ni assez de plaisir pour occuper fortement son souvenir. Les fantômes du remords ne se dressaient point devant ses gros yeux glauques de matrone. Elle se tenait pour une dame honnête en somme, agacée seulement et honteuse de s'être laissé surprendre par un mari qu'elle méprisait profondément. Et cette disgrâce, survenant ainsi sur le tard, à l'âge des calmes pensées, lui était particulièrement sensible. Les deux premières fois, l'aventure avait commencé de même. D'ordinaire, madame Bergeret était très flattée de l'impression qu'elle produisait sur un homme de bonne compagnie. Elle s'intéressait aux signes qu'on lui en donnait et ne les trouvait jamais excessifs, car elle se croyait désirable. Deux fois, avant M. Roux, elle avait laissé les choses aller jusqu'au point où, pour une femme, il n'y a plus désormais à les arrêter ni facilité physique ni avantage moral. La première fois, elle avait eu affaire à un homme déjà âgé, remarquablement adroit, point égoïste et qui pensait à lui être agréable. Mais le trouble qui suit une première faute lui gâta son plaisir. La seconde fois elle était plus intéressée à l'aventure. Malheureusement on manquait d'expérience. Enfin, M. Roux lui avait causé trop de désagrément pour qu'elle se rappelât seulement ce qui s'était passé avant qu'ils fussent surpris. Si elle tâchait de se remémorer leur commune attitude sur le canapé, c'était pour deviner ce qu'en avait pu surprendre Bergeret et savoir jusqu'où elle pouvait encore lui mentir et le tromper.

Elle était humiliée, irritée, elle avait honte en songeant à ses grandes filles; elle se sentait ridicule. Mais elle n'avait pas peur. Elle était sûre de réduire par ruse et par audace cet homme étranger au monde, doux, timide, auquel elle se jugeait très supérieure.

L'idée qu'elle était de tout point au-dessus de M. Bergeret ne la quittait jamais. Cette idée inspirait ses actes, ses paroles, son silence. Elle avait un orgueil dynastique. Elle était une Pouilly, la fille de Pouilly, inspecteur de l'Université, la nièce du Pouilly du Dictionnaire, l'arrière-petite-fille d'un Pouilly qui en 1811 composa la *Mythologie des Demoiselles* et *l'Abeille des Dames*. Son père l'avait fortifiée dans ce sentiment domestique et fier.

Près d'une Pouilly, qu'était-ce qu'un Bergeret? Elle n'avait donc pas d'inquiétude sur l'issue de la dispute prévue et elle attendait son mari avec une insolence mélangée de ruse. Mais quand, à l'heure du déjeuner, elle l'entendit qui descendait l'escalier, elle devint plus anxieuse. Absent, ce mari l'inquiétait. Il devenait mystérieux, presque redoutable. Elle se fatigua la tête à prévoir ce qu'il lui dirait et à préparer diverses réponses perfides ou violentes, selon l'occurrence. Elle se tendit, se raidit, pour repousser l'assaut. Elle imagina des mouvements pathétiques, des menaces de suicide, une scène de réconciliation. Elle s'énerva quand vint le soir. Elle pleura, mordit son mouchoir. Maintenant elle désirait, elle appelait les explications, les invectives, les violences. Elle attendait M. Bergeret avec une impatience ardente. A neuf heures, elle reconnut enfin son pas sur le palier. Mais il ne vint pas dans la chambre. La petite bonne entra à sa place et dit, insolente et sournoise :

— Monsieur m'a dit comme ça de lui mettre le lit de fer dans son cabinet.

Madame Bergeret, accablée, ne répondit rien.

Elle dormit assez profondément cette nuit-là. Mais son audace était brisée.

VIII

M. l'abbé Guitrel avait prié à déjeuner le curé de Saint-Exupère, M. l'archiprêtre Laprune. Ils étaient assis tous deux devant la petite table ronde sur laquelle Joséphine posait une omelette au rhum entourée de flammes.

La servante de M. Guitrel avait atteint, depuis plusieurs années déjà, l'âge canonique ; elle portait des moustaches ; et, certes, elle n'était point telle qu'on la figurait par la ville dans des contes libertins, imités des vieux exemplaires gaulois. Son visage démentait les joviales calomnies qui couraient du café du Commerce jusqu'à la boutique de M. Paillot et de la pharmacie radicale de M. Mandar au salon janséniste de M. Lerond, substitut démissionnaire. Et, s'il était vrai que le professeur d'éloquence sacrée admettait sa servante à sa table quand il n'avait prié aucun convive, s'il partageait avec elle les petits gâteaux qu'il avait choisis avec étude, zèle et soins, dans la boutique de madame Magloire, c'était l'effet d'une amitié pure et tout innocente pour cette vieille fille inculte et rude, mais avisée et de bon conseil, dévouée à son maître, ambitieuse pour lui et prête à trahir l'univers par fidélité.

Assurément, le supérieur du grand séminaire, M. l'abbé Lantaigne, donnait trop de crédit à ces fables érotiques de Guitrel et de sa servante, que tout le monde répétait et auxquelles personne ne croyait, pas même M. Mandar, pharmacien rue Culture, le plus avancé des conseillers municipaux, qui avait lui même trop ajouté de son propre fonds à ces joyeux devis pour ne pas suspecter au dedans de lui l'authenticité de tout le recueil. Car c'était un recueil très ample de contes qu'on avait composé sur ces deux respectables personnes. Et s'il avait mieux connu le *Décaméron* et l'*Heptanéron*, et les *Cent Nouvelles nouvelles*, M. Lantaigne aurait découvert maintes fois l'origine de telle aventure plaisante ou de tel propos singulier qu'on prêtait généreusement dans le chef-lieu à M. Guitrel et à Joséphine, sa servante. M. Mazure, l'archiviste municipal, s'il trouvait dans un vieux bouquin quelque paillardise ecclésiastique, ne manquait pas, pour sa part, de l'attribuer à M. Guitrel. M. Lantaigne seul croyait à ce que tout le monde disait sans y croire.

— Patience, monsieur l'abbé! dit la servante; je vas aveindre une cuiller pour arroser.

Ce disant, elle prit dans le tiroir du buffet une cuiller d'étain à long manche, qu'elle tendit à M. Guitrel. Et tandis que le prêtre versait la flamme sur le sucre grésillant, qui répandait une odeur de caramel, la servante, accotée au buffet, regardait, les bras croisés, l'horloge à musique qui étalait sur le mur, dans un cadran doré, son paysage suisse, avec une locomotive sortant d'un tunnel, un ballon dans le ciel et son cadran d'émail fixé sur un petit clocher d'église. La vigilante fille cependant observait son maître dont le bras trop court se fatiguait à manier la cuiller échauffée. Et elle l'excitait :

— Hardi! monsieur l'abbé! ne laissez pas éteindre.

— Ce mets, dit M. l'archiprêtre, exhale véritablement un parfum agréable. La dernière fois que j'en fis préparer un semblable chez moi, le plat se fendit par l'effet de la chaleur, et le rhum s'échappa sur la nappe.

J'en fus contrarié, et ce qui me peina le plus, ce fut de voir la consternation peinte sur le visage de M. Tabarit, qui dînait avec moi.

— Voilà ce que c'est ! dit la servante. Monsieur l'archiprêtre est servi dans la porcelaine fine. Il n'y a rien de trop beau pour monsieur l'archiprêtre. Mais tant plus la porcelaine est fine, tant plus elle craint le feu. Ce plat-ci est en terre de pipe, qui n'est pas trop craintive ni du chaud ni du froid. Quand mon maître sera évêque, on lui servira ses omelettes soufflées dans un plat d'argent.

Soudain la flamme s'éteignit dans la cuiller d'étain, et M. Guitrel cessa d'arroser l'omelette. Tournant vers sa servante un regard sévère :

— Joséphine, dit-il, je vous ordonne de ne plus tenir à l'avenir un semblable langage.

— Pourtant, dit le curé de Saint-Exupère,

ce langage n'a rien qui puisse être blâmé par d'autres que par vous, mon cher monsieur Guitrel. Vous avez reçu les dons précieux de l'intelligence. Votre science est profonde, et il serait désirable que vous fussiez élevé à l'épiscopat. Qui sait si cette simple fille n'a pas annoncé la vérité? N'a-t-on pas déjà prononcé votre nom parmi ceux des prêtres les plus dignes d'être placés au siège de Tourcoing?

M. Guitrel tendait l'oreille et regardait de côté avec un œil de face sur son visage de profil.

Il était inquiet. Ses affaires allaient mal. Il n'avait obtenu, à la nonciature, que des paroles vagues. La prudence romaine commençait à l'effrayer. Il lui avait paru que M. Lantaigne était agréable dans les bureaux des cultes. Enfin il avait rapporté de Paris des impressions pénibles. Et s'il donnait à déjeuner au curé de Saint-Exupère, c'est qu'il lui savait des attaches dans le parti de

M. Lantaigne et qu'il espérait tirer des lèvres du bon curé le secret de l'adversaire.

— Et pourquoi, reprit l'archiprêtre, ne seriez-vous pas évêque un jour, comme M. Lantaigne?

Ce nom fut suivi d'un silence dans lequel l'horloge à musique fit entendre un petit air grêle et vieux. Il était midi.

L'abbé Guitrel présenta d'une main un peu tremblante le plat de faïence à M. l'archiprêtre.

— Une douceur, dit celui-ci, une douceur qui n'est point sans force. Votre servante est un vrai cordon bleu.

— Vous parliez de M. Lantaigne? demanda l'abbé Guitrel.

— Précisément, répondit l'archiprêtre. Je ne prétends pas que monsieur Lantaigne soit à l'heure qu'il est évêque désigné de Tourcoing. Non! le dire serait devancer la marche des événements. Mais j'ai appris ce matin même, d'une personne qui approche

M. le vicaire général, que l'accord est bien près de se faire entre la nonciature et le ministère sur le nom de M. Lantaigne. La nouvelle, sans doute, demande à être confirmée. M. de Goulet a pu prendre ses espérances pour des réalités. Il souhaite ardemment, vous le savez, le succès de M. Lantaigne. Mais ce succès n'est pas invraisemblable. Naguère encore, une certaine intransigeance, qu'on croit pouvoir attribuer aux opinions de M. Lantaigne, aurait peut-être donné de l'ombrage aux pouvoirs publics, animés d'une fâcheuse défiance à l'égard du clergé. Mais les temps sont changés. De gros nuages se sont dissipés. Et certaines influences, jusqu'ici tenues en dehors de l'action politique, commencent à s'exercer jusque dans les sphères gouvernementales. On assure que l'appui prêté par le général Cartier de Chalmot à la candidature de M. Lantaigne a été prépondérant. Tels sont les bruits, les rumeurs encore incertaines que j'ai pu recueillir.

Joséphine, la servante, était sortie de la salle. Mais il semblait que son ombre attentive y rentrât de minute en minute par la porte entre-bâillée.

M. Guitrel ne parlait pas et ne mangeait pas.

— Il y a dans cette omelette, dit M. l'archiprêtre, un mélange d'aromates dont le palais est flatté sans parvenir à distinguer ce qui le flatte. Vous m'autorisez à demander la recette à votre servante?

Une heure après, M. Guitrel ayant congédié son hôte, s'achemina, le dos rond, vers le séminaire. Il descendit, songeur, la rue oblique et tortueuse des Chantres, et croisa sa douillette sur sa poitrine pour recevoir le vent glacial qui soufflait au pignon de la cathédrale. C'était le coin le plus noir et le plus froid de la ville. Il hâta le pas jusqu'à la rue du Marché et là il s'arrêta devant la boutique du boucher Lafolie.

Elle était grillée comme une cage de lions.

Au fond, contre la planche à débiter la viande, le boucher, sous des quartiers de mouton pendus à des crocs, sommeillait. Il avait commencé de travailler au petit jour et la fatigue amollissait ses membres vigoureux. Les bras nus et croisés, son fusil encore pendant à son côté, les jambes écartées sous le tablier blanc, taché de sang rose, il balançait lentement la tête. Sa face rouge étincelait et les veines de son cou se gonflaient sous le col rabattu de sa chemise rose. Il respirait la force tranquille. M. Bergeret disait de lui qu'il donnait quelque idée des héros homériques parce que son genre de vie ressemblait au leur et qu'il répandait comme eux le sang des victimes.

Le boucher Lafolie sommeillait. Près de lui sommeillait son fils, grand et fort comme lui, et les joues ardentes. Le garçon de boucherie dormait la tête dans ses mains sur le marbre de l'étal, ses cheveux répandus parmi les viandes découpées. Dans une cage de verre, à l'entrée de la boutique, se tenait droite, les yeux lourds, gagnée aussi par le sommeil, madame Lafolie, grasse, la poitrine énorme, la chair tout imbibée du sang des animaux. Cette famille avait un air de force brutale et souveraine, un aspect de royauté barbare.

M. l'abbé Guitrel les observa quelque temps, promenant son œil agile de l'un à l'autre et le ramenant avec intérêt sur le maître, le colosse dont les joues pourpres étaient barrées d'une longue moustache rousse et qui, les yeux clos, laissait voir aux tempes de petits plis de ruse. Puis, s'étant rassasié de cette figure de brute violente et madrée, il affermit son riflard sous son bras, croisa de nouveau sa douillette sur sa poitrine et reprit sa course. Il songeait tout ragaillardi :

— Huit mille trois cent vingt-cinq francs de l'année dernière. Dix-neuf cent six de cette année. M. l'abbé Lantaigne, supérieur du grand séminaire, doit dix mille deux cent trente et un francs au boucher Lafolie, qui n'est pas un créancier commode. M. l'abbé Lantaigne ne sera pas évêque.

Il connaissait dès longtemps ces dettes du séminaire et les embarras de M. Lantaigne. Sa servante Joséphine venait de lui apprendre que le boucher Lafolie montrait les dents et parlait d'envoyer du papier timbré au séminaire et à l'archevêché. Et, trottant à pas menus, il murmurait :

— M. Lantaigne ne sera pas évêque. Il est honnête ; mais il administre mal. Or un évêché est une administration. Bossuet le dit en propres termes dans l'oraison funèbre du prince de Condé.

Et il se représentait sans déplaisir le visage terrible du boucher Lafolie.

IX

Et M. Bergeret relut les pensées de Marc-Aurèle. Il éprouvait de la sympathie pour le mari de Faustine. Pourtant il trouva dans ce petit livre un sentiment si faux de la nature, une si mauvaise physique, un tel mépris des Charites, qu'il n'en put goûter à l'aise toute la magnanimité. Il lut ensuite les contes du sieur d'Ouville et ceux d'Eutrapel, le *Cymbalum* de Despériers, les *Matinées* de Cholière et les *Serées* de Guillaume Bouchet. Il fut plus content de cette lecture. Il reconnut qu'elle était appropriée à son état et par conséquent édifiante, propre à répandre une paix sereine, une douceur céleste dans son âme. Et il rendit grâce à ces conteurs qui, de l'antique Milet, où fut dit le conte du Cuvier, jusqu'à la Bourgogne salée, à la douce Touraine, à la grasse Normandie, ont enseigné à l'homme le rire gracieux et disposé les cœurs irrités à l'indulgente gaieté.

— Ces conteurs, pensa-t-il, qui font froncer les sourcils des moralistes austères, sont eux-mêmes des moralistes excellents, qu'il faut louer et aimer pour avoir insinué gentiment les solutions les plus simples, les plus naturelles, les plus humaines, à des difficultés domestiques que l'orgueil et la haine, allumés au cœur fier de l'homme, veulent trancher par le meurtre et le carnage. O conteurs milésiens, ô subtil Pétrone! ô mon Noël du Fail, s'écria-t-il, ô précurseurs de Jean de La Fontaine ! quel apôtre fut plus sage et meilleur que vous, qu'on appelle couramment des polissons? O bienfaiteurs! vous nous avez enseigné la vraie science de la vie, un bienveillant mépris des hommes!

Et M. Bergeret se fortifia dans cette pensée que notre orgueil est la première cause de nos misères, que nous sommes des singes habillés et que nous avons gravement appliqué des idées d'honneur et de vertu à des endroits où elles sont ridicules, que le pape Boniface VIII était sage d'estimer, en son particulier, qu'on fait une grande affaire d'une très petite, que madame Bergeret et M. Roux étaient aussi indignes de louange ou de blâme qu'un couple de chimpanzés. Il avait l'esprit trop ferme pour se dissimuler cependant l'étroite parenté qui le rattachait à ces deux primates. Mais il se tenait pour un chimpanzé méditatif. Et il en tirait vanité. Car toujours la sagesse fait défaut par quelque endroit.

Celle de M. Bergeret manqua sur un point encore. Il ne conforma pas exactement sa conduite à ses maximes. Il ne fut pas violent sans doute. Mais il n'eut point d'indulgence. Il ne se montra nullement le disciple de ces conteurs milésiens, latins, florentins, gaulois dont il approuvait la philosophie souriante et proportionnée à la ridicule humanité. Il ne fit pas de reproches à madame Bergeret. Il ne lui dit pas un mot, il ne lui donna pas un regard. A table, assis devant elle, il avait le génie de ne pas la voir. Et s'il se rencontrait un moment par hasard avec elle dans une des pièces de l'appartement, il donnait à cette pauvre femme l'impression qu'elle était invisible.

Il l'ignora, il la tint pour étrangère et non avenue. Il la supprima de sa conscience externe et de sa conscience interne. Il l'anéantit. Dans la maison, parmi les soins innombrables de la vie commune, il ne la vit point, ne l'entendit point, ne perçut rien d'elle. Madame Bergeret était une créature injurieuse et grossière. Mais elle était une créature domestique et morale; elle était une créature humaine et vivante. Elle souffrit de ne pouvoir se répandre en propos vulgaires, en gestes menaçants, en cris aigus. Elle souffrit de ne plus se sentir la maîtresse du logis, l'âme de la cuisine, la mère de famille, la matrone. Elle souffrit d'être comme si elle n'était pas et de ne plus compter pour une personne, pas même pour une chose. Elle en venait, pendant les repas, à désirer être une chaise ou une assiette, pour être du moins reconnue. Si M. Bergeret avait tout à coup levé sur elle le couteau à découper, elle en aurait crié de joie, bien qu'elle eût naturellement peur des coups. Mais ne pas compter, ne pas peser, ne pas paraître, était en horreur à sa nature opaque et lourde. Le supplice monotone et continu que lui infligeait M. Bergeret était si cruel qu'elle avalait son mouchoir pour étouffer ses sanglots. Et M. Bergeret, retiré dans son cabinet, l'entendait qui se mouchait bruyamment dans la salle à manger, tandis que lui-même classait les fiches de son *Virgilius nauticus*, tranquille, sans amour et sans haine.

Madame Bergeret était violemment tentée chaque soir de poursuivre M. Bergeret dans son cabinet devenu aussi sa chambre à coucher et l'impénétrable asile d'une pensée impénétrable, de demander pardon à cet homme ou de l'accabler des plus basses invectives, de lui piquer le visage avec la pointe du couteau à cuisine ou de s'en taillader à elle-même la poitrine, indifféremment, car elle ne voulait qu'attirer son attention, exister pour lui. Et de cela, qui lui était refusé, elle avait besoin comme de l'eau, du pain, de l'air et du sel.

Elle méprisait encore M. Bergeret : ce sentiment était en elle héréditaire et filial. Il lui venait de son père et coulait dans son sang. Elle aurait cessé d'être une Pouilly, la nièce du Pouilly du Dictionnaire, si elle avait reconnu une sorte d'égalité entre elle et son mari. Elle le méprisait parce qu'elle était une Pouilly et qu'il était un Bergeret, et non parce qu'elle l'avait trompé. Elle avait le bon sens de ne pas s'exagérer cette supériorité, et c'est tout au plus si elle le mésestimait de n'avoir pas tué M. Roux. Son mépris était stable et fixe. Il n'était susceptible ni d'augmentation ni de diminution. Mais elle ne le haïssait pas. Naguère encore, elle n'éprouvait pas de répugnance, dans le commerce ordinaire de la vie, à le tourmenter, à l'irriter, à lui reprocher la négligence de ses habits ou la maladresse de sa conduite, et à lui conter ensuite d'interminables histoires sur le voisinage, à lui faire des récits où la platitude s'alliait à l'absurdité et dans lesquels la malice même et la malveillance étaient médiocres. Des gaz de vanité gonflaient cette âme ventrue, qui ne distillait ni venins terribles ni poisons rares.

Madame Bergeret était précisément faite

pour vivre en bonne intelligence avec un compagnon qu'elle trahissait et qu'elle opprimait dans la sereine exubérance de ses forces et dans le fonctionnement naturel de ses organes. Elle était sociable par richesse de chair et par défaut de vie intérieure. M. Bergeret, soudain retranché de sa vie, lui manqua comme un mari absent manque à une bonne femme. De plus, cet homme fluet, qu'elle avait toujours jugé insignifiant et négligeable, mais non point incommode, maintenant lui faisait peur. M. Bergeret, en la tenant pour un néant absolu, lui donnait à elle-même l'impression qu'elle cessait d'exister. Elle sentait le vide se faire en elle. Elle s'abîmait dans la tristesse et dans l'effroi de cet état nouveau, inconnu, sans nom, qui participait de la solitude et de la mort. Le soir, son angoisse devenait cruelle, car elle était sensible à la nature et pénétrable aux influences de l'espace et de l'heure. Seule dans son lit, elle regardait avec horreur le mannequin d'osier sur lequel, depuis de longues années, elle drapait ses robes, qui, dans les jours d'orgueil et d'insouciance, se dressait, fier, sans tête et tout corps, dans le cabinet de travail de M. Bergeret, et qui maintenant, bancal, estropié, appuyait sa fatigue contre l'armoire à glace, dans l'ombre du rideau de reps lie-de-vin. Le tonnelier Lenfant l'avait trouvé dans sa cour, parmi les baquets d'eau où nageaient les bouchons. Il l'avait rapporté à madame Bergeret qui n'avait pas osé le rétablir dans le cabinet de travail et qui l'avait accueilli, blessé, penchant, frappé d'une vengeance emblématique, dans la chambre conjugale où il lui représentait des idées sinistres d'envoûtement.

Elle souffrait. Un matin, à son réveil, tandis qu'un pâle soleil glissait ses rayons tristes, entre les fentes du rideau, sur l'osier mutilé du mannequin, elle s'attendrit sur elle-même, se trouva innocente et s'avisa que M. Bergeret était cruel. Elle se révolta. Elle n'admettait pas qu'Amélie Pouilly souffrît par le fait d'un Bergeret. Elle consulta mentalement l'âme de son père et elle se fortifia dans cette idée que M. Bergeret était un trop petit homme pour la rendre malheureuse. Cet orgueil la soulagea. Elle mit, ce jour-là, du cœur à s'habiller. Elle s'encouragea à croire qu'elle n'était pas diminuée et que rien n'était perdu.

C'était le jour de madame Leterrier, la femme respectée du recteur. Madame Bergeret alla voir madame Leterrier et dans le salon bleu, en présence de madame Compagnon, femme du professeur de mathématiques, elle poussa, après les premières politesses, un soupir, non point celui d'une victime, mais un soupir guerrier.

Et tandis que les deux dames universitaires écoutaient encore ce soupir, madame Bergeret ajouta :

— On a bien des causes de tristesse dans

la vie, surtout quand on n'est point d'une nature à tout accepter... Vous êtes heureuse, vous, madame Leterrier ! Et vous aussi, madame Compagnon !..

Et madame Bergeret, discrète, contenue, pudique, n'en dit pas davantage, malgré les regards intéressés qui s'attachaient sur elle. Mais c'en était assez pour qu'on comprît qu'elle était maltraitée, humiliée dans sa maison. On parlait tout bas dans la ville des assiduités de M. Roux auprès d'elle. Madame Leterrier, à compter de ce jour, imposa silence à la calomnie ; elle affirma que M. Roux était un jeune homme comme il faut. Et parlant de madame Bergeret, elle disait, la lèvre humide et l'œil noyé :

— Cette pauvre dame est bien malheureuse et bien sympathique.

En six semaines, l'opinion des salons du chef-lieu fut faite et se déclara pour madame Bergeret. On publia que M. Bergeret, qui ne faisait point de visites, était un méchant homme. On le soupçonna de désordres obscurs et de vices cachés. Et M. Mazure, son ami, son compagnon du coin des bouquins, son confrère de l'académie Paillot, crut bien l'avoir vu entrer, un soir, dans le café de la rue des Hebdomadiers, lieu mal famé.

Tandis que M. Bergeret était ainsi condamné par le jugement du monde, le sentiment populaire lui faisait une autre réputation. L'image grossière et symbolique, naguère dessinée sur la façade de sa propre maison, ne laissait plus voir que des lignes indistinctes. Mais des simulacres de même caractère se multipliaient par la ville, et M. Bergeret ne pouvait se rendre à la Faculté, sur le Mail ou chez Paillot, sans rencontrer sur quelque muraille, parmi des inscriptions obscènes, érotiques et triviales, son portrait, conçu dans le style rudimentaire commun à tous les polissons des villes, crayonné ou charbonné ou tracé à la pointe d'un caillou, et accompagné d'une légende explicative.

M. Bergeret examinait ces *grafitti*, sans trouble ni colère, inquiet seulement de leur nombre qui allait croissant. Il y en avait un sur le mur blanc de la vacherie Goubeau aux Tintelleries ; un autre sur la façade jaune de l'agence Denizeau, place Saint-Exupère ; un autre au grand théâtre sous le tableau des places du deuxième bureau ; un autre à l'angle de la rue de la Pomme et de la place du Vieux-Marché ; un autre sur les communs de l'hôtel Nivert, contigu à l'hôtel de Gromance ; un autre à la Faculté, contre la loge de l'appariteur ; un autre sur le mur des jardins de la préfecture. Et tous les matins M. Bergeret en découvrait de nouveaux. Il remarquait que ces *grafitti* n'étaient pas tous de la même main. Dans les uns, la figure humaine était représentée d'une façon tout à fait rudimentaire ; d'autres offraient un ensemble plus satisfaisant, sans toutefois qu'aucun visât à la recherche d'une ressemblance individuelle ni à l'art difficile du portrait. Et tous suppléaient à l'insuffisance du dessin par la légende explicative. Et sur toutes ces représentations populaires M. Bergeret portait des cornes. Il observa que tantôt les cornes sortaient du crâne nu, tantôt d'un chapeau de haute forme.

— Deux écoles! pensa-t-il.

Mais il souffrait dans sa délicatesse.

X

M. Worms-Clavelin avait retenu à déjeuner son vieux camarade, Georges Frémont, inspecteur des beaux-arts, en tournée dans le département. Quand ils s'étaient connus à Montmartre, dans des ateliers de peintres, Worms-Clavelin était très jeune et Frémont encore jeune. Ils n'avaient pas une idée commune et ne s'entendaient sur rien ; Frémont aimait la contradiction, Worms-Clavelin la supportait ; Frémont était abondant et violent en paroles, Worms-Clavelin cédait à la violence et parlait peu. Ils devinrent camarades, puis la vie les sépara. Mais, chaque fois qu'ils se retrouvaient, ils redevenaient familiers et se querellaient avec plaisir. Georges Frémont vieillissant, alourdi, décoré, pourvu, gardait encore quelque reste de sa première ardeur. Ce matin-là, assis à table, entre madame Worms-Clavelin en peignoir et M. Worms-Clavelin en veston de chambre, il contait à son hôtesse qu'il avait découvert dans les greniers du musée, où elle dormait dans la poussière et les décombres, une petite figure en bois de pur style français, une sainte Catherine habillée en bourgeoise du xve siècle, mignonne, d'une finesse d'expression merveilleuse et l'air si raisonnable et si honnête qu'il avait eu envie de pleurer en l'époussetant. Le préfet demanda si c'était une statue ou un tableau. Georges Frémont, qui le méprisait affectueusement, lui répondit avec douceur :

— Worms, n'essaie pas de comprendre ce

que je dis à ta femme ! Tu es absolument incapable de concevoir le beau sous quelque forme que ce soit. Les lignes harmonieuses et les nobles pensées seront toujours inintelligibles pour toi.

M. Worms-Clavelin haussa les épaules :

— Tais-toi donc, communard !

Georges Frémont était, en effet, un ancien communard. Parisien, fils d'un fabricant de meubles du faubourg Saint-Antoine, élève des Beaux-Arts, ayant vingt ans lors de l'invasion allemande, il s'était enrôlé dans un corps de francs-tireurs que la défense n'employa point. Frémont ne pardonna pas à Trochu ce dédain. Lors de la capitulation, il fut des plus exaltés et cria avec les autres que Paris était trahi. Comme il n'était pas sot, il entendait par là que Paris avait été mal défendu, ce qui n'était pas douteux. Il était pour la guerre à outrance. Quand la Commune fut proclamée, il se mit de la Commune. Sur la proposition d'un ancien ouvrier de son père, le citoyen Charlier, délégué aux Beaux-Arts, il fut nommé sous-directeur adjoint au musée du Louvre. Ses fonctions n'étaient pas rétribuées. Il les remplit botté, avec des cartouches à la ceinture et, sur la tête, un chapeau tyrolien à plumes de coq. Les toiles avaient été roulées dès les premiers jours de l'investissement, mises dans des caisses et transportées en des magasins où il ne put jamais les découvrir. Il ne lui restait qu'à fumer des pipes dans les galeries transformées en corps de garde et à converser avec les citoyens gardes nationaux auxquels il dénonçait Badinguet comme coupable d'avoir stupidement détruit les Rubens par des nettoyages qui avaient emporté les glacis. Il portait cette accusation sur la foi d'un journal et sur la parole de M. Vitet. Les fédérés l'écoutaient assis sur des banquettes, leur flingot entre les jambes, et ils buvaient des litres dans le palais, car il faisait chaud ; mais lorsque les Versaillais eurent pénétré dans Paris par la porte démontée du Point-du-Jour, tandis que la fusillade se rapprochait des Tuileries, Georges Frémont vit avec inquiétude les gardes nationaux fédérés rouler des tonneaux de pétrole dans la galerie d'Apollon. Il les dissuada à grand'peine de badigeonner les boiseries pour les faire flamber, leur donna à boire et les congédia. Après leur départ, assisté des gardiens bonapartistes, il fit dégringoler les tonnes incendiaires au pied des escaliers et les poussa jusqu'à la berge de la Seine. Le colonel des fédérés en fut avisé et, soupçonnant Frémont de trahir la cause du peuple, il donna ordre de le fusiller. Mais les Versaillais approchaient, et, dans la fumée des Tuileries incendiées, Frémont s'enfuit fraternellement avec son peloton d'exécution. Dénoncé le surlendemain aux Versaillais, il fut recherché par la justice militaire comme ayant participé à une insurrection contre le gouvernement régulier. Et il sautait aux yeux que le gouvernement de Versailles était régulier, puisque, ayant succédé à l'Empire le 4 septembre 1870, il avait pris et conservé les formes régulières du précédent gouvernement, tandis que la Commune, qui n'avait jamais pu obtenir les communications télégraphiques sans lesquelles un gouvernement ne se régularise pas, se trouvait, défaite et massacrée, dans un état d'extrême irrégularité. De plus, la Commune était issue d'une révolution accomplie devant l'ennemi, et le gouvernement de Versailles ne pouvait lui pardonner cette origine qui rappelait la sienne. C'est pourquoi un capitaine de l'armée victorieuse, occupé à fusiller les insurgés du quartier du Louvre, fit rechercher pour le fusiller Georges Frémont qui, caché pendant quinze jours avec le citoyen Charlier, membre de la Commune sous un toit de la place de la Bastille, sortit ensuite de Paris, en blouse, un fouet à la main, derrière une voiture de maraîcher.

Et tandis qu'un conseil de guerre, siégeant à Versailles, le condamnait à mort, il gagnait sa vie à Londres, en rédigeant pour un riche amateur de la Cité le catalogue de l'œuvre complet de Rowlandson. Intelligent, laborieux, très honnête, il se fit connaître et estimer de l'Angleterre artiste. Il aimait l'art avec passion, et la politique ne le tentait guère. Il restait communard par loyalisme et pour ne pas se donner la honte d'abandonner ses amis vaincus. Mais il s'habillait avec élégance et fréquentait l'aristocratie. Il travaillait rudement et savait tirer parti de son travail. Son *Dictionnaire des monogrammes* consacra sa réputation et lui rapporta un peu d'argent. Quand le dernier haillon des discordes civiles fut écarté, sur la proposition du bon Gambetta, quand l'amnistie fut votée, un gentleman débarqua à Boulogne, fier et souriant, sympathique, un peu fatigué par le travail, jeune, avec quelques cheveux gris, en tenue correcte de voyage et faisant porter une valise pleine de dessins et de manuscrits. Georges Frémont s'installa modestement à Montmartre et se fit très vite des amitiés d'artistes. Mais les travaux dont il avait largement vécu en Angleterre ne lui rapportaient en France que des satisfactions d'amour-propre. Gambetta lui fit donner une place d'inspecteur des musées. Frémont s'acquitta de ses fonctions avec beaucoup de conscience et d'habileté. Il avait un goût sincère et fin des arts. La sensibilité nerveuse qui, adolescent, l'avait ému devant les blessures de la patrie et qui, vieillissant, le troublait encore en face des misères sociales, l'intéressait aux expressions élégantes de l'âme humaine, aux formes exquises, à la belle ligne, à la tournure héroïque des figures. Avec cela, patriote même dans l'art, ne plaisantant pas sur l'école de Bourgogne, fidèle à la politique de sentiment, et comptant sur la France pour porter la justice et la liberté dans l'univers.

— Vieux communard ! répéta M. le préfet Worms-Clavelin.

— Tais-toi, Worms ! Tu as l'âme basse et l'esprit obtus. Tu ne signifies rien par toi-même. Mais tu es représentatif, comme on dit aujourd'hui. Juste ciel ! tant de victimes furent égorgées durant un siècle de guerres civiles pour que M. Worms-Clavelin devînt préfet de la République ! Worms, tu es au-dessous des préfets de l'Empire.

— L'Empire, reprit M. Worms-Clavelin, je le flétris, l'Empire ! D'abord il nous a conduits aux abîmes, et puis je suis fonctionnaire. Mais, enfin, on fait le vin, on cultive le blé, comme sous l'Empire ; on travaille à la Bourse, comme sous l'Empire ; on boit, on mange, on fait l'amour, comme sous l'Empire. Au fond, la vie est la même. Comment l'administration et le gouvernement seraient-ils différents ? Il y a des nuances, tu m'entends bien. Nous avons plus de liberté, nous en avons même trop.

Nous avons plus de sécurité. Nous jouissons d'un régime conforme aux aspirations populaires. Nous sommes maîtres de nos destinées, dans la mesure du possible. Toutes les forces sociales se font équilibre, à peu près. Montre-moi un peu ce qu'on pourrait bien changer. La couleur des timbres-poste, peut-être... Et encore!... comme disait le vieux Montessuy. Non, mon ami, à moins de changer les Français, il n'y a rien à changer en France. Sans doute, je suis progressiste. Il faut dire qu'on marche, ne fût-ce que pour se dispenser de marcher. « Marchons ! marchons !... » Ce que la *Marseillaise* a dû servir à ne pas aller à la frontière !...

Georges Frémont regarda le préfet avec un mépris affectueux, cordial, attentif et profond :

— Tout est parfait, hein, Worms ?

— Ne me fais pas parler comme un imbécile. Rien n'est parfait ; mais tout se tient, s'étaye, s'entre-croise. C'est comme le mur du père Mulot, que tu vois d'ici, derrière l'orangerie. Il est gondolé, lézardé, il penche. Depuis trente ans, cet imbécile de Quatrebarbe, l'architecte diocésain, s'arrête devant la maison Mulot et, le nez en l'air, les mains derrière le dos, les jambes écartées, il dit : « Je ne sais pas comment ça tient ! » Les petits polissons qui sortent de l'école crient derrière lui, en imitant sa voix enrouée : « Je ne sais pas comment ça tient ! » Il se retourne, ne voit personne, regarde les pavés, comme si l'écho de sa voix était sorti de terre, puis il s'en va en répétant : « Je ne sais vraiment pas comment ça tient ! » Ça tient parce qu'on n'y touche pas, parce que le père Mulot ne fait venir ni maçons ni architectes et surtout qu'il se garde bien de demander conseil à M. Quatrebarbe. Ça tient parce que ça a tenu jusqu'ici. Ça tient, vieil utopiste, parce qu'on ne réforme pas l'impôt et qu'on ne revise pas la Constitution.

— C'est-à-dire que ça tient par la fraude et l'iniquité, répliqua Georges Frémont. Nous sommes tombés dans une citerne de honte. Nos ministres des finances sont aux ordres des banquiers cosmopolites. Et ce qu'il y a de plus triste, c'est que la France, la France, antique libératrice des peuples, n'a souci désormais que de venger, en Europe, les droits des porteurs de titres. Nous avons laissé massacrer, sans même oser frémir, trois cent mille chrétiens d'Orient dont nous étions constitués, par nos traditions, les protecteurs augustes et vénérés. Nous avons trahi nos intérêts avec ceux de l'humanité. Tu vois, dans les eaux de Crète, la République nager parmi les Puissances comme une pintade dans une compagnie de goélands. C'était donc là que devait nous conduire la nation amie!

Le préfet protesta :

— Frémont, ne dis pas de mal de l'alliance russe. C'est la meilleure de toutes les réclames électorales.

— L'alliance russe, reprit Frémont en agitant sa fourchette, j'en ai salué la naissance avec une joyeuse espérance. Hélas! devait-elle nous jeter, à son premier essai, dans le parti du sultan assassin, et nous conduire en Crète pour lancer des obus à la mélinite sur des chrétiens coupables d'une longue misère? Mais ce n'est pas à la Russie, c'est à la haute banque, engagée sur les fonds ottomans, que nous avions souci de complaire. Et vous avez vu la glorieuse victoire de la Canée saluée par la finance juive avec un généreux enthousiasme.

— La voilà, s'écria le préfet, la voilà bien la politique de sentiment! Tu devrais pourtant savoir où elle mène. Et je ne vois fichtre pas ce qui peut t'exciter en faveur des Grecs. Ils ne sont pas intéressants.

— Tu as raison Worms, reprit l'inspecteur des Beaux-Arts. Tu as parfaitement raison. Les Grecs ne sont pas intéressants. Ils sont pauvres. Ils n'ont que leur mer bleue, leurs collines violettes et les débris de leurs marbres. Le miel de l'Hymette n'est pas coté à la Bourse. Les Turcs, au contraire, sont dignes de l'intérêt de l'Europe financière. Ils ont du désordre et des ressources. Ils payent mal et ils payent beaucoup. On peut faire des affaires avec eux. La Bourse monte. Tout est bien. Voilà les inspirations de notre politique extérieure !

Vivement, M. Worms-Clavelin l'interrompit, et le regardant avec un air de reproche :

— Ah çà ! Georges, ne sois pas de mauvaise foi : tu sais bien que nous n'en avons pas, de politique extérieure, et que nous ne pouvons pas en avoir.

XI

— Il paraît que c'est pour demain, dit M. de Terremondre en entrant dans la boutique de Paillot.

Chacun comprit qu'il s'agissait de l'exécution de Lecœur, garçon boucher, condamné à mort le 27 novembre pour avoir assassiné la veuve Houssieu. Ce jeune criminel intéressait la ville entière. M. le juge Roquincourt, qui était mondain et galant, avait gracieusement conduit dans la prison mesdames Dellion et de Gromance et leur avait fait voir le condamné par le guichet grillé de la cellule où il jouait aux cartes avec un guichetier. De son côté, le directeur de la prison, M. Ossian Colot, officier d'Académie, faisait volontiers à messieurs les journalistes, ainsi qu'aux personnes éminentes de la ville, les honneurs de son condamné à mort. M. Ossian Colot avait traité avec compétence diverses questions pénitentiaires. Il était fier de son établissement, aménagé sur les plus nouveaux modèles, et il ne dédaignait pas la popularité. Les visiteurs jetaient sur Lecœur un regard curieux, en songeant à la nature des relations qui s'étaient établies entre ce garçon de vingt ans et la veuve nonagénaire qui devait être sa victime. Et l'on restait stupide devant cette monstrueuse brute. Cependant l'aumônier de la prison, M. l'abbé Tabarit, contait, avec des larmes, que ce pauvre enfant exprimait les sentiments les plus édifiants de contrition et de piété. Et Lecœur, du matin au soir, depuis quatre-vingt-dix jours, jouait aux cartes avec ses gardiens et accusait les points dans leur propre argot, car ils étaient du même monde. Sa parole ne révélait pas les souffrances de son âme obscure, mais le gamin rouge et joufflu que, dix mois auparavant, on rencontrait sifflant dans les rues, son panier sur la tête et le tablier blanc noué à ses reins vigoureux, la face pâle et terreuse, maintenant, grelottait dans sa camisole de force et paraissait un homme de quarante ans malade. Sa nuque d'hercule avait fondu et sur ses épaules abaissées voilà qu'il lui poussait un cou mince et démesurément long. On s'accordait à reconnaître qu'il avait épuisé l'exécration, la pitié et la curiosité de ses concitoyens, et qu'il fallait en finir.

— Demain, à six heures ; je le tiens de Surcoux lui-même, ajouta M. de Terremondre. Les bois de justice sont en gare.

— Ce n'est pas malheureux, dit le docteur Fornerol. Depuis trois nuits que la foule attend sur le carrefour des Évées, il s'est produit plusieurs accidents. Le fils Julien est tombé d'un arbre sur la tête et s'est fendu le crâne. Je crains bien de ne pouvoir le sauver.

» Quant au condamné, poursuivit le docteur, il n'est au pouvoir de personne, pas même du président de la République, de lui laisser la vie. Ce jeune garçon, qui était vigoureux et sain lors de son arrestation, est aujourd'hui au dernier période de la phtisie.

— Vous l'avez vu dans sa cellule ? demanda Paillot.

— Je l'ai vu plusieurs fois, répondit le docteur Fornerol, et même je lui ai donné mes soins sur la demande d'Ossian Colot qui est extrêmement préoccupé de l'état sanitaire et moral de ses pensionnaires.

— C'est un philanthrope, reprit M. de Terremondre. Et il faut reconnaître que, dans son genre, la prison de notre ville est quelque chose d'admirable, avec ses cellules blanches, si propres, rayonnant toutes d'un observatoire central, et si ingénieusement disposées qu'on y est toujours en vue sans jamais rien voir. Il n'y a pas à dire, c'est bien compris, c'est moderne, c'est au niveau du progrès. L'année dernière, comme je faisais une promenade dans le Maroc, je vis à Tanger, dans une cour ombragée d'un mûrier, une méchante bâtisse de boue et de plâtre devant laquelle un grand nègre en guenilles sommeillait. Étant soldat, il avait pour arme un bâton. Par les fenêtres étroites de la bâtisse passaient des bras basanés, qui tendaient des paniers d'osier. C'étaient les prisonniers qui, de leur prison, offraient aux passants, contre une pièce de cuivre, le produit de leur travail indolent. Leur voix gutturale modulait des prières et des plaintes que coupaient brusquement des imprécations et des cris de fureur. Car, enfermés pêle-mêle dans la vaste salle, ils se disputaient les ouvertures, voulant tous y passer leurs corbeilles. La querelle trop vive tira de son assoupissement le soldat noir qui, à coups de bâton, fit rentrer dans le mur les paniers avec les mains suppliantes. Mais bientôt d'autres mains reparurent, brunes et tatouées de bleu comme les premières. J'eus la curiosité de regarder par les fentes d'une vieille porte de bois l'intérieur de la prison. Je vis dans l'ombre une foule déguenillée éparse sur la terre humide, des corps de bronze couchés parmi des loques rouges, des faces graves portant sous le turban des barbes vénérables, des moricauds agiles tressant en riant des corbeilles. On découvrait çà et là sur les jambes enflées des linges souillés, cachant mal les plaies et les ulcères; et l'on voyait, l'on entendait ondoyer et bruire la vermine. Parfois passaient des rires. Une poule noire piquait du bec le sol fangeux. Le soldat me laissait observer les prisonniers tout à loisir, épiant mon départ pour tendre la main. Alors je songeai au directeur de notre belle prison départementale. Et je me dis : « Si M. Ossian Colot venait à Tanger, il la reconnaîtrait et il la flétrirait, la promiscuité, l'odieuse promiscuité.

— Au tableau que vous faites, répliqua M. Bergeret, je reconnais la barbarie. Elle est moins cruelle que la civilisation. Les prisonniers musulmans ne souffrent que de l'indifférence et parfois de la férocité de leurs gardiens. Du moins n'ont-ils rien à redouter des philanthropes. Leur vie est supportable puisqu'on ne leur inflige pas le régime cellulaire. Toute prison est douce, comparée à la cellule inventée par nos savants criminalistes.

» Il y a, poursuivit M. Bergeret, une férocité particulière aux peuples civilisés, qui passe en cruauté l'imagination des barbares. Un criminaliste est bien plus méchant qu'un sauvage. Un philanthrope invente des supplices inconnus à la Perse et à la Chine. Le bourreau persan fait mourir de faim les prisonniers. Il fallait un philanthrope pour imaginer de les faire mourir de solitude. C'est là précisément en quoi consiste le supplice de la prison cellulaire. Il est incomparable pour la durée et l'atrocité. Le patient, par bonheur, en devient fou, et la démence lui ôte le sentiment de ses tortures. On croit justifier cette abomination en alléguant qu'il fallait soustraire le condamné aux mauvaises influences de ses pareils et le mettre hors d'état d'accomplir des actes immoraux ou criminels. Ceux qui raisonnent ainsi sont trop bêtes pour qu'on affirme qu'ils sont hypocrites.

— Vous avez raison, dit M. Mazure. Mais ne soyons pas injustes envers notre temps. La Révolution, qui a su accomplir la réforme judiciaire, a beaucoup amélioré le sort des prisonniers. Les cachots de l'ancien régime étaient, pour la plupart, infects et noirs.

— Il est vrai, répliqua M. Bergeret, que, de tout temps, les hommes ont été méchants et cruels, et qu'ils ont toujours pris plaisir à tourmenter les malheureux. Du moins, avant qu'il y eût des philanthropes, ne torturait-on les hommes que par un simple sentiment de haine et de vengeance, et non dans l'intérêt de leurs mœurs.

— Vous oubliez, répliqua M. Mazure, que le moyen âge a connu la philanthropie de l'espèce la plus abominable, la philanthropie spirituelle. Car c'est bien ce nom que mérite l'esprit de la sainte Inquisition. Ce tribunal livrait les hérétiques au bûcher par charité pure. Et, s'il sacrifiait le corps, c'était, disait-il, pour sauver l'âme.

— Il ne disait pas cela, reprit M. Bergeret et il ne le pensait pas. Victor Hugo a cru, en effet, que Torquemada faisait brûler les gens pour leur bien, afin d'assurer, au prix d'une brève souffrance, leur béatitude éternelle. Il a construit sur cette idée un drame tout scintillant d'antithèses. Mais cette idée n'est pas soutenable. Et je ne conçois pas qu'un savant, nourri comme vous de tant de vieux parchemins, se soit laissé séduire par les mensonges du poète. La vérité, c'est que le tribunal de l'Inquisition, en livrant l'hérétique au bras séculier, retranchait de l'Église un membre malade, de peur que le corps entier n'en fût contaminé. Quant au membre ainsi retranché, il devenait ce qu'il plaisait à Dieu. Tel est l'esprit de l'Inquisition. Il est épouvantable, mais il n'est pas romantique. Où le Saint-Office montrait ce que vous appelez justement de la philanthropie spirituelle, c'est dans le traitement qu'il infligeait aux « réconciliés ». Il les condamnait charitablement à la prison perpétuelle, et il les emmurait pour le bien de leur âme. Mais je ne songeais, tout à l'heure, qu'aux prisons civiles, telles qu'elles furent au moyen âge et dans les temps modernes jusqu'au règne de Louis XIV.

— Il est vrai, dit M. de Terremondre, que le régime cellulaire n'a pas produit tous les effets heureux qu'on en attendait pour la moralisation des condamnés.

— Ce régime, dit le docteur Fornerol, détermine fréquemment des affections mentales d'une certaine gravité. Il est juste d'ajouter que les délinquants sont prédisposés aux troubles de cette nature. On reconnaît aujourd'hui que le délinquant est un dégénéré. Ainsi, grâce à l'obligeance de M. Ossian Colot, il m'a été loisible d'examiner notre assassin, le sujet Lecœur. Je lui ai trouvé des tares physiologiques... La denture, par exemple, est anormale. J'en conclus à une responsabilité mitigée.

— Pourtant, dit M. Bergeret, une sœur de Mithridate avait une double rangée de dents à chaque mâchoire. Et son frère la tenait pour magnanime. Il l'aimait si chèrement que, poursuivi par Lucullus, il ordonna, dans sa fuite, de la faire étrangler par un muet pour qu'elle ne tombât pas vivante aux mains des Romains. Elle ne démentit pas alors la bonne opinion que Mithridate avait d'elle. Elle reçut le lacet avec une sérénité joyeuse et dit : « Je rends grâce au roi, mon frère, d'avoir, au milieu des soins qui l'assiègent, gardé le souci de mon honneur. » Vous voyez par cet exemple qu'on peut être héroïque avec une denture anormale.

— Le sujet Lecœur, reprit le médecin, présente d'autres particularités qui, pour l'homme de science, ne laissent pas d'être significatives. Comme beaucoup de criminels de naissance, il ne jouit que d'une sensibilité obtuse. J'ai pu l'examiner. Il est tatoué sur tout le corps. Et l'on est surpris de la fantaisie lubrique qui détermina le choix des scènes et des attributs dessinés sur sa peau.

— Vraiment? dit M. de Terremondre.

— Il serait à souhaiter, reprit le docteur

Fornerol, que la peau de ce sujet fût convenablement préparée et conservée dans notre muséum. Mais ce que je voulais vous signaler, ce n'est pas la nature des tatouages, c'est leur nombre et leur distribution sur le corps. Certaines phases de l'opération ont dû causer au patient une douleur qu'un sujet doué d'une sensibilité normale aurait difficilement supportée.

— Là, je vous arrête ! dit M. de Terremondre. On voit bien que vous ne connaissez pas mon ami Jilly. Il est pourtant assez connu. Jilly a fait, tout jeune, en 1885 ou 86, le tour du monde avec son ami lord Turnbridge, à bord du yacht *Old Friend*. Jilly donne sa parole d'honneur que dans toute la traversée, qui fut tantôt bonne, tantôt mauvaise, ni lord Turnbridge ni lui n'ont mis une minute le pied sur le pont, et qu'ils sont restés assidûment dans le carré, buvant du vin de Champagne avec un vieux gabier de la marine royale qui avait reçu des leçons de tatouage d'un chef tasmanien. Ce vieux gabier, pendant le voyage, tatoua les deux amis depuis le cou jusqu'au talon. Et Jilly revint en France couvert, pour sa part, d'une chasse au renard qui ne comporte pas moins de trois cent vingt-quatre figures, hommes, femmes, chevaux et chiens. Il la montre volontiers quand il soupe au cabaret en bonne compagnie. Or je ne ne sais pas si mon ami Jilly est d'une sensibilité anormale. Mais je vous assure que c'est un gentil garçon et un galant homme, et qu'il est incapable...

— Mais, demanda M. Bergeret, puisque vous croyez, docteur, qu'il y a des criminels de naissance et qu'il vous apparaît que la responsabilité du garçon boucher Lecœur est, selon votre expression, mitigée par une disposition congénitale au crime, trouvez-vous juste qu'on le guillotine ?

Le docteur haussa les épaules.

— Que voulez-vous qu'on en fasse ?

— Assurément, reprit M. Bergeret, le sort de cet individu me touche peu. Mais je suis opposé à la peine de mort.

— Donnez-nous vos raisons, Bergeret, dit l'archiviste Mazure qui, vivant dans l'admiration de 93 et de la Terreur, trouvait à la guillotine une sorte de vertu mystérieuse et de beauté morale. Moi, je suis pour la suppression de la peine de mort en droit commun et pour son rétablissement en matière politique.

Sur ce propos civique, M. Georges Frémont, inspecteur des beaux-arts, entra dans la boutique de Paillot, où M. de Terremondre lui avait donné rendez-vous. Ils devaient visiter ensemble la maison de la reine Marguerite. M. Bergeret regarda avec un peu d'effroi M. Frémont, et il se sentit fort petit à côté d'un personnage aussi considérable. Il ne craignait jamais les idées. Mais il était timide devant les hommes.

M. de Terremondre n'avait pas la clef de

la maison. Il envoya Léon la chercher et fit asseoir M. Georges Frémont dans le coin des bouquins.

— Monsieur Bergeret, lui dit-il, nous vantait les prisons de l'ancien régime.

— Nullement, répondit M. Bergeret un peu troublé, nullement. C'étaient des cloaques. Des misérables y vivaient enchaînés. Mais ils n'étaient pas seuls ; ils avaient des compagnons. Et des bourgeois, des seigneurs, des dames, venaient les visiter. C'était une des sept œuvres de la miséricorde. Personne n'est tenté de l'accomplir aujourd'hui. D'ailleurs, les règlements ne le permettraient pas.

— C'est vrai, dit M. de Terremondre, qu'autrefois l'usage était de visiter les prisonniers. J'ai dans mes cartons une estampe d'Abraham Bosse où l'on voit un gentilhomme, coiffé d'un feutre à plumes, accompagnant une dame, qui porte une guimpe de point de Venise et un corps de brocart à pointe, dans un cachot où grouillent des gueux à peine vêtus de haillons sordides. Cette estampe fait partie d'une suite de sept planches que je possède en anciennes épreuves. Et il faut se méfier : car on a tiré depuis avec les vieux cuivres.

— La visite aux prisonniers, dit Georges Frémont, est un sujet familier à l'art chrétien en Italie, en Flandre et en France. Il a été traité notamment avec un accent vigoureux de vérité par les della Robbia sur la frise de terres cuites colorées qui entoure de son riche bandeau l'hôpital de Pistoia... Vous connaissez Pistoia, monsieur Bergeret ?...

Le maître de conférences dut confesser qu'il n'était pas allé en Toscane.

M. de Terremondre, qui se tenait près de la porte, toucha le bras de M. Frémont.

— Monsieur Frémont, regardez sur la place, à droite de l'église. Vous verrez passer la plus jolie femme de notre ville.

— C'est madame de Gromance, dit M. Bergeret. Elle est charmante.

— Elle fait beaucoup parler d'elle, dit M. Mazure. C'est une demoiselle Chapon. Son père était avoué et le plus franc fesse-mathieu du département. Et elle a vraiment le type aristocratique.

— Ce qu'on appelle le type aristocratique, dit Georges Frémont, est un pur concept de l'esprit. Il n'a pas plus de réalité que le type classique de la Bacchante ou de la Muse. Je me suis demandé plus d'une fois comment ce type de la femme aristocratique s'était formé, comment il s'était fixé dans la conscience populaire. Il procède, ce me semble, d'éléments réels très divers. Parmi ces éléments, j'indiquerai les actrices de drame et de comédie, les comédiennes de l'ancien Gymnase et du Théâtre-Français, celles aussi du boulevard du Crime et de la Porte-Saint-Martin, qui présentèrent dans le cours du siècle à notre peuple, amateur de spectacles, des exemplaires innombrables de princesses et de grandes dames. Il faut noter encore les modèles d'après lesquels les peintres modernes firent des reines, des duchesses, dans leurs tableaux d'histoire ou de genre. On ne doit pas non plus négliger l'influence plus récente, moins étendue, mais très active, des mannequins des grands couturiers, belles filles, longues, portant bien la toilette. Or ces comédiennes, ces modèles, ces demoiselles de magasin sont toutes plébéiennes. J'en conclus que le type aristocratique est formé uniquement de la grâce des roturières. Il n'est pas surprenant dès lors, que ce type se retrouve chez madame de Gromance, née Chapon. Elle a de la grâce et, chose rare dans vos villes à pavés pointus et à trottoirs fangeux, elle marche bien. Mais je la soupçonne de manquer un peu de croupe. C'est un grave défaut!

M. Bergeret, levant le nez de dessus le

XXXVIe tome de l'*Histoire générale des voyages*, regarda avec admiration ce Parisien à barbe rousse et comme enflammée, qui jugeait froidement, avec sévérité, la beauté délicieuse et la forme désirée de madame de Gromance.

— Maintenant que je sais vos goûts, dit M. de Terremondre, je vous présenterai à ma tante Courtrai. Elle est taillée en force et ne peut s'asseoir que dans un certain fauteuil de famille qui, depuis trois cents ans, reçoit avec complaisance entre ses bras démesurément ouverts toutes les vieilles dames de Courtrai-Maillan. Quant au visage, il répond à ce que je dis, et j'espère qu'il vous agréera. Ma tante Courtrai l'a rouge comme une pomme d'amour, avec des moustaches blondes, assez belles, qu'elle laisse tomber négligemment. Ah! le type de ma tante Courtrai n'est pas celui de vos actrices, de vos modèles et de vos mannequins.

— Je me sens d'avance, dit M. Frémont, beaucoup de goût pour madame votre tante.

— La noblesse ancienne, dit M. Mazure, menait la vie de nos gros fermiers d'aujourd'hui. Elle en devait avoir l'aspect.

— Il est certain, dit le docteur Fornerol, que la race s'étiole.

— Croyez-vous? demanda M. Frémont. Au XVe siècle, au XVIe, il fallait qu'en Italie et en France la fleur de chevalerie fût assez grêle. Les armures princières de la fin du moyen âge et de la Renaissance, habilement forgées, ciselées et damasquinées avec un art exquis, sont si étroites d'épaules et si fines de taille, qu'un homme d'aujourd'hui ne s'y trouverait pas à l'aise. Elles furent faites presque toutes pour des hommes petits et minces. En effet, les portraits français du XVe siècle et les miniatures de Jehan Foucquet nous présentent un monde assez rabougri.

Léon rentra avec la clef. Il était très animé.

— C'est pour demain, dit-il à son patron.

Deibler et ses aides sont arrivés par le train de trois heures trente. Ils se sont présentés à l'hôtel de Paris. Mais on n'a pas voulu les recevoir. Ils sont descendus à l'auberge du *Cheval bleu,* au bas de la côte Duroc, une auberge d'assassins.

— En effet, dit Frémont, j'ai appris ce matin à la préfecture qu'on coupait une tête dans votre ville. Tout le monde en parle.

— On a si peu de distractions, en province! dit M. de Terremondre.

— Mais celle-là, dit M. Bergeret, est dégoûtante. On tue légalement dans l'ombre. Pourquoi le faire encore puisqu'on en a honte? Le président Grévy, qui était fort intelligent, avait aboli virtuellement la peine de mort, en ne l'appliquant jamais. Que ses successeurs n'ont-ils imité son exemple! La sécurité des individus dans les sociétés modernes ne repose pas sur la terreur des supplices. La peine de mort est abolie dans plusieurs nations de l'Europe, sans qu'il s'y commette plus de crimes que dans les pays où subsiste cette ignoble pratique. Là même où cette coutume dure encore, elle languit et s'affaiblit. Elle n'a plus ni force ni vertu. C'est une laideur inutile. Elle survit à son principe. Les idées de justice et de droit, qui jadis faisaient tomber les têtes avec majesté, sont bien ébranlées maintenant par la morale issue des sciences naturelles. Et, puisque visiblement la peine de mort se meurt, la sagesse est de la laisser mourir.

— Vous avez raison, dit M. Frémont. La peine de mort est devenue une pratique intolérable, depuis qu'on n'y attache plus l'idée d'expiation, qui est toute théologique.

— Le président aurait bien fait grâce, dit Léon avec importance. Mais le crime était trop horrible.

— Le droit de grâce, dit M. Bergeret, était un des attributs du droit divin. Le roi ne l'exerçait que parce qu'il était au-dessus de la justice humaine comme représentant de Dieu sur la terre. Ce droit, en passant du roi au président de la République, a perdu son caractère essentiel et sa légitimité. Il constitue désormais une magistrature en l'air, une fonction judiciaire en dehors de la justice et non plus au-dessus; il institue une juridiction arbitraire, inconnue au législateur. L'usage en est bon, puisqu'il sauve des malheureux. Mais prenez garde qu'il est devenu absurde. La miséricorde du roi était la miséricorde de Dieu même. Conçoit-on M. Félix Faure investi des attributs de la divinité? M. Thiers, qui ne se croyait pas l'oint du Seigneur et qui, de fait, n'avait pas été sacré à Reims, se déchargea du droit de grâce sur une commission qui avait mandat d'être miséricordieuse pour lui.

— Elle le fut médiocrement, dit M. Frémont.

Un petit soldat entra dans la boutique et demanda le *Parfait secrétaire*.

— Des restes de barbarie traînent encore, dit M. Bergeret, dans la civilisation moderne. Notre code de justice militaire, par exemple, nous rendra odieux à un prochain avenir. Ce code a été fait pour ces troupes de brigands armés qui désolaient l'Europe au xviiie siècle. Il fut conservé par la République de 92 et systématisé dans la première moitié de ce siècle. Après avoir substitué la nation à l'armée, on a oublié de le changer. On ne saurait penser à tout. Ces lois atroces, faites pour des pandours, on les applique aujourd'hui à de jeunes paysans effarés, à des enfants des villes qu'il serait facile de conduire avec douceur. Et cela semble naturel !

— Je ne vous comprends pas, dit M. de Terremondre. Notre code militaire, préparé, je crois, sous la Restauration, date seulement du second Empire. Aux environs de 1875, il a été remanié et mis d'accord avec l'organisation nouvelle de l'armée. Vous ne pouvez donc pas dire qu'il est fait pour les armées de l'ancien régime.

— Je le puis dire parfaitement, répondit M. Bergeret, puisque ce code n'est qu'une compilation des ordonnances concernant les armées de Louis XIV et de Louis XV. On sait ce qu'étaient ces armées, ramas de racoleurs et de racolés, chiourme de terre, divisée en lots qu'achetaient de jeunes nobles, parfois des enfants. On maintenait l'obéissance de ces troupes par de perpétuelles menaces de mort. Tout est changé ; les militaires de la monarchie et des deux Empires ont fait place à une énorme et placide garde nationale. Il n'y a plus à craindre ni mutineries ni violences. Pourtant la mort à tout propos menace ces doux troupeaux de paysans et d'artisans, mal habillés en soldats. Le contraste de ces mœurs bénignes et de ces lois féroces est presque risible. Et, si l'on y réfléchissait, on trouverait qu'il est aussi grotesque qu'odieux de punir de mort des attentats dont on aurait facilement raison par le léger appareil des peines de simple police.

— Mais, dit M. de Terremondre, les soldats d'aujourd'hui ont des armes comme les soldats d'autrefois. Et il faut bien que des officiers, en petit nombre et désarmés, s'assurent l'obéissance et le respect d'une multitude d'hommes portant des fusils et des cartouches. Tout est là.

— C'est un vieux préjugé, dit M. Bergeret, que de croire à la nécessité des peines et d'estimer que les plus fortes sont les plus efficaces. La peine de mort pour voie de fait envers un supérieur vient du temps où les officiers n'étaient pas du même sang que les soldats. Ces pénalités furent conservées dans les armées de la République. Brindamour, devenu général en 1792, mit les mœurs de l'ancien régime au service de la Révolution et fusilla les volontaires avec magnanimité. Du moins, Brindamour devenu général de la République, faisait-il la guerre et se battait-il rudement. C'était affaire de vaincre. Il ne s'agissait pas de la vie d'un homme, mais du salut de la patrie.

— C'était surtout le vol, dit M. Mazure, que les généraux de l'an II punissaient avec une inexorable sévérité. Dans l'armée du Nord, un chasseur, ayant changé son vieux chapeau contre un neuf, fut passé par les armes. Deux tambours, dont l'aîné avait dix-huit ans, furent fusillés devant le front des troupes pour avoir volé quelques menus bijoux à une vieille paysanne. C'était l'âge héroïque.

— Ce n'est pas seulement les maraudeurs, reprit M. Bergeret, qu'on fusillait chaque jour dans les armées de la République. C'est aussi les mutins. Et ces soldats, tant glorifiés depuis, étaient menés comme des forçats, à cela près qu'on leur donnait rarement à manger. Il est vrai qu'ils étaient parfois d'humeur difficile. Témoin les trois cents canonniers de la 33ᵉ demi-brigade qui, l'an IV, à Mantoue, réclamèrent leur solde en braquant leurs pièces sur leurs généraux.

» Voilà des gaillards avec lesquels il ne fallait pas plaisanter! Ils eussent été capables d'embrocher, à défaut d'ennemis, une douzaine de leurs supérieurs. Tel est le tempérament des héros. Mais Dumanet n'est pas encore un héros. La paix n'en forme point. Le sergent Bridoux n'a rien à craindre dans le quartier paisible. Toutefois il n'est pas fâché de se dire qu'un homme ne peut lever la main sur lui sans être aussitôt fusillé en musique. Cela est démesuré, dans l'état de nos mœurs, et en temps de paix. Et nul n'y songe. Il est vrai que les peines capitales prononcées par les conseils de guerre ne sont exécutées qu'en Algérie, et qu'on évite, autant que possible, de donner en France même ces fêtes martiales et musicales. On reconnaît qu'elles y feraient mauvais effet. C'est la condamnation tacite du code militaire.

— Prenez garde, dit M. de Terremondre, de porter atteinte à la discipline.

— Si vous avez vu les nouvelles recrues, répondit M. Bergeret, entrer à la file dans la cour du quartier, vous ne croirez pas qu'il faille sans cesse menacer de mort ces âmes moutonnières pour les maintenir dans l'obéissance. Ils songent tristement à tirer leurs trois ans, comme ils disent, et le sergent Bridoux serait touché jusqu'aux larmes de leur pitoyable docilité, s'il n'avait pas besoin de les terrifier pour jouir de sa propre puissance. Ce n'est pas que le sergent Bridoux soit né plus méchant qu'un autre homme. Mais, esclave et despote, il est deux fois perverti, et je ne sais si Marc-Aurèle, sous-officier, n'aurait pas tyrannisé les bleus. Quoi qu'il en soit, cette tyrannie est suffisante pour entretenir la soumission tempérée de ruse qui est la vertu la plus nécessaire au soldat en temps de paix.

» Et il y a longtemps que nos codes militaires, avec leur appareil de mort, ne se devraient plus voir que dans les musées des horreurs, près des clefs de la Bastille et des tenailles de l'Inquisition.

— Il ne faut toucher aux choses de l'armée qu'avec une extrême prudence, dit M. de Terremondre. L'armée, c'est la sécurité et c'est l'espérance. C'est aussi l'école du devoir. Où trouver ailleurs que chez elle l'abnégation et le dévouement ?

— Il est vrai, dit M. Bergeret, que les hommes tiennent pour le premier devoir social d'apprendre à tuer régulièrement leurs semblables et que, chez les peuples civilisés, la gloire du carnage passe toutes les autres. Après tout, que l'homme soit incurablement méchant et malfaisant, le mal n'est pas grand dans l'univers. Car la terre n'est qu'une goutte de boue dans l'espace, et le soleil une bulle de gaz bientôt consumée.

— Je vois, répliqua M. Frémont, que vous n'êtes pas positiviste. Car vous traitez légèrement le grand fétiche.

— Qu'est-ce que le grand fétiche ? demanda M. de Terremondre.

— Vous savez, lui répondit M. Frémont, que les positivistes estiment que l'homme est un animal adorateur. Auguste Comte fut très attentif à pourvoir aux besoins de cet animal adorant ; et, après y avoir longuement réfléchi, il lui donna un fétiche. Mais il choisit la terre et non pas Dieu. Ce n'est pas qu'il fût athée. Il tenait, au contraire, l'existence d'un principe créateur pour assez probable. Seulement il estimait que Dieu était trop difficile à connaître. Et ses disciples, qui sont des hommes très religieux, célèbrent le culte des morts, des hommes utiles, de la femme et du grand fétiche, qui est la terre. Cela tient à ce que ces religieux font des plans pour le bonheur des hommes et s'occupent d'aménager la planète en vue de notre félicité.

— Ils auront beaucoup à faire, dit M. Bergeret, et l'on voit bien qu'ils sont optimistes. Ils le sont extrêmement, et cette disposition de leur esprit m'étonne. Il est difficile de concevoir que des hommes réfléchis et sensés, comme ils sont, nourrissent l'espoir de rendre un jour supportable le séjour de cette petite boule qui, tournant gauchement autour d'un soleil jaune et déjà à demi obscurci, nous porte comme une vermine à sa surface moisie. Le grand fétiche ne me semble pas du tout adorable.

Le docteur Fornerol se pencha sur l'oreille de M. de Terremondre :

— Il faut que Bergeret ait des ennuis particuliers pour se plaindre ainsi de l'univers. Il n'est pas naturel de trouver tout mal.

— Évidemment, dit M. de Terremondre.

XII

Les ormes du Mail revêtaient à peine leurs membres sombres d'une verdure fine comme une poussière et pâle. Mais sur le penchant du coteau, couronné de vieux murs, les arbres fleuris des vergers offraient leur tête ronde et blanche ou leur rose quenouille au jour clair et palpitant, qui riait entre deux bourrasques. Et la rivière au loin, riche des pluies printanières, coulait, blanche et nue, frôlant de ses hanches pleines les lignes des grêles peupliers qui bordaient son lit, voluptueuse, invincible, féconde, éternelle, vraie déesse, comme au temps où les bateliers de la Gaule romaine lui offraient des pièces de cuivre et dressaient en son honneur, devant le temple de Vénus et d'Auguste, une stèle votive où l'on voyait rudement sculptée une barque avec ses avirons. Partout, dans la vallée bien ouverte, la jeunesse timide et charmante de l'année frissonnait sur la terre antique. Et M. Bergeret cheminait seul, d'un pas inégal et lent, sous les ormes du Mail. Il allait, l'âme vague, diverse, éparse, vieille comme la terre, jeune comme les fleurs des pommiers, vide de pensée et pleine d'images confuses, désolée et désirante, douce, innocente, lascive, triste, traînant sa fatigue et poursuivant des Illusions et des Espérances, dont il ignorait le nom, la forme, le visage.

En s'approchant du banc de bois sur lequel il avait coutume de s'asseoir dans la belle saison, à l'heure où les oiseaux se taisent dans les arbres, et dont il avait plus d'une fois partagé le repos avec M. l'abbé Lantaigne, sous le bel orme qui entendait leurs graves entretiens, il vit qu'une main inhabile avait fraîchement tracé à la craie quelques mots sur le dossier vert. Il fut saisi d'inquiétude, craignant de lire son nom, familier désormais aux polissons de la ville. Mais il se rassura bientôt. C'était une inscription érotique et commémorative par laquelle Narcisse énonçait dans une forme concise et simple, mais grossière et malséante, les plaisirs goûtés par lui-même sur ce banc, sans doute à la faveur de la nuit indulgente, dans les bras d'Ernestine.

M. Bergeret, qui déjà s'apprêtait à gagner la place accoutumée où il avait répandu tant de pensées nobles et riantes, et tant de fois fait venir à son appel les grâces décentes, estima qu'il ne convenait pas à un honnête homme de siéger en public tout contre ce monument obscène, consacré à la

Vénus des carrefours et des jardins. Il se détourna du banc commémoré et alla songeant :

— O vain désir de la gloire ! Nous voulons vivre dans la mémoire des hommes. A moins d'être très bien élevés et gens du monde, nous voulons qu'on sache nos amours et nos joies, comme nos peines et nos haines. Narcisse ne croit avoir triomphé d'Ernestine que si l'univers l'apprend. Ainsi Phidias traça un nom aimé sur l'orteil du Jupiter olympien. O besoin de l'âme de se répandre, de se verser au dehors ! « *Aujourd'hui, sur ce banc, Narcisse a...* »

» Et toutefois, pensa encore M. Bergeret, la dissimulation est la première vertu de l'homme civilisé et la pierre angulaire de la société. Il nous est aussi nécessaire de cacher notre pensée que de porter des vêtements. Un homme qui dit tout ce qu'il pense et comme il le pense est aussi inconcevable dans une ville qu'un homme allant tout nu. Si, par exemple, j'exprimais chez Paillot, où, pourtant, la conversation est assez libre, les imaginations qui me viennent en ce moment à l'esprit, les idées qui me passent par la tête comme entrent dans une cheminée une nuée de sorcières à cheval sur leur balai, si je décrivais la façon dont je me représente soudain madame de Gromance, les attitudes incongrues que je lui prête, la vision qu'elle me donne, plus absurde, plus bizarre, plus chimérique, plus étrange, plus monstrueuse, plus pervertie et détournée des belles convenances, plus malicieuse mille fois et déshonnête que cette fameuse figure, introduite sur le portail nord de Saint-Exupère, dans la scène du Jugement dernier, par un ouvrier prodigieux qui, penché sur un soupirail de l'enfer, avait vu la Luxure en personne; si je montrais exactement les singularités de ma rêverie, on me croirait en proie à une manie odieuse; et pourtant je sais bien que je suis un galant homme, enclin de nature aux pensées honnêtes, instruit par la vie et la méditation à garder la mesure, modeste, voué tout entier aux voluptés paisibles de l'intelligence, ennemi de tout excès et détestant le vice comme une difformité.

Tandis qu'il allait, menant ces pensées singulières, M. Bergeret reconnut sur le Mail M. l'abbé Lantaigne, supérieur du grand séminaire, et M. l'abbé Tabarit, aumônier de la prison, qui conversaient ensemble. M. Tabarit agitait son long corps, surmonté d'une petite tête pointue, et soutenait d'un bras anguleux le poids de ses paroles, que M. Lantaigne, la tête haute, la poitrine bombée, son bréviaire sous le bras, écoutait en regardant au loin, grave, les lèvres serrées entre des joues lourdes que le sourire n'avait jamais soulevées.

M. Lantaigne répondit au salut de M. Bergeret par un geste et une parole d'accueil :

— Monsieur Bergeret, demeurez; M. Tabarit n'a pas peur des mécréants.

Mais l'aumônier de la prison, plein de sa pensée, continua son discours.

— Qui ne serait touché comme moi de ce que j'ai vu? Cet enfant nous a tous édifiés par la sincérité de son repentir, par l'expression simple et vraie des sentiments les plus chrétiens. Son maintien, son regard, ses paroles, toute sa personne révélait la douceur, la modestie, une entière soumission à la volonté de Dieu. Il n'a cessé de donner le spectacle le plus consolant et l'exemple le plus salutaire. Ses bonnes dispositions, le réveil de la foi, trop longtemps endormie dans son cœur, son élan suprême vers le Dieu qui pardonne, tels furent les fruits bénis de mes exhortations.

Le vieillard s'attendrissait, avec la sincérité facile des âmes pures, légères et vaines. Une vraie douleur brouillait ses gros yeux à fleur de tête et son pauvre nez rouge, trop court. Après avoir soupiré durant un moment, il reprit, s'adressant cette fois à M. Bergeret :

— Ah! monsieur, dans l'exercice de mon pénible ministère, il y a bien des épines. Mais aussi, que de fruits! J'ai maintes fois, dans ma vie déjà longue, arraché des malheureux au démon qui s'apprêtait à les saisir. Mais aucun des infortunés que j'accompagnai à la mort ne fut aussi édifiant, dans ses derniers instants, que le jeune Lecœur.

— Quoi! s'écria M. Bergeret, c'est de l'assassin de la veuve Houssieu que vous parlez ainsi? Ne sait-on point?...

Il allait dire, ce qu'attestaient unanimement les témoins de l'exécution, que le misérable avait été porté, déjà mort d'épouvante, sous le couperet. Il s'arrêta pour ne pas contrister le vieillard, qui poursuivit de la sorte :

— Sans doute, il ne faisait pas de longs

discours et ne prodiguait pas les manifestations bruyantes. Mais que n'avez-vous entendu les soupirs, les monosyllabes par lesquels il exprimait son repentir! Dans le trajet douloureux de la prison au lieu de l'expiation, quand je lui rappelai la mémoire de sa mère et le souvenir de sa première communion, il versa des larmes.

— Assurément, dit M. Bergeret, la veuve Houssieu n'est pas aussi bien morte.

M. Tabarit, ayant entendu ce propos, roula ses gros yeux de l'orient à l'occident. Il avait l'habitude de chercher, non point en lui, mais au dehors, la solution des problèmes métaphysiques. Et sa vieille servante, quand il réfléchissait à table, lui disait, trompée sur son air : « Vous cherchez le bouchon de la bouteille, monsieur l'abbé? Vous l'avez dans la main. »

Or les regards errants de M. Tabarit rencontrèrent un gros homme barbu, en costume de cycliste, qui passait sur le Mail.

C'était Eusèbe Boulet, rédacteur en chef du *Phare*, journal radical. Aussitôt, quittant avec un prompt adieu le supérieur du séminaire et le maître de conférences, M. Tabarit joignit à grandes enjambées le journaliste, le salua, rouge d'émotion, tira de sa poche des papiers chiffonnés et les lui remit, non sans un tremblement des mains. C'étaient des notes rectificatives et des lettres complémentaires sur les derniers instants du jeune Lecœur. Ce bon prêtre, au terme de sa vie cachée et de son apostolat obscur, était devenu avide de réclame, insatiable d'interviews et d'articles.

En voyant le pauvre vieillard à tête d'oiseau tendre ses griffonnages au journaliste radical, M. Lantaigne sourit presque.

— Voyez, dit-il à M. Bergeret, le mauvais air du siècle a gâté cet homme même qui s'achemine à la tombe par une longue voie de mérites et de vertus ; ce vieillard, humble et modeste sur tout le reste, est vain de publicité. Il veut être imprimé à toute force jusque dans la feuille anticléricale.

Et M. Lantaigne, inquiet déjà d'avoir livré un des siens à l'ennemi, reprit vivement :

— Le tort n'est pas grand. C'est un ridicule, rien de plus.

Puis il se tut et rentra dans sa tristesse.

M. Lantaigne, qui avait le génie de la domination, entraîna M. Bergeret vers le banc accoutumé. Indifférent aux phénomènes vulgaires, par lesquels le monde extérieur apparaît au commun des hommes, il dédaigna de voir, tracée à la craie sur le dossier en grandes lettres cursives, l'inscription érotique de Narcisse et d'Ernestine et, s'asseyant avec une quiétude toute spirituelle, il couvrit de son large dos un tiers de ce monument épigraphique. M. Bergeret prit place à côté de M. Lantaigne, non sans avoir déployé d'abord son journal sur le dossier de manière à masquer la partie

de texte qu'il tenait pour la plus expressive :
à son sens, c'était le verbe, mot qui, disent
les grammairiens, indique l'existence d'un
attribut dans un sujet. Mais il avait, sans y
prendre garde, substitué une inscription à
une autre. Le journal, en effet, portait en
manchette l'annonce d'un de ces incidents
communs dans notre vie parlementaire, depuis le mémorable triomphe des institutions
démocratiques. Les Saisons alternées et les
Heures enlacées avaient ramené en ce printemps, avec une exactitude astronomique,
la période des scandales. Plusieurs députés
avaient été poursuivis dans ce mois. Et la
feuille déployée par M. Bergeret portait en
lettres grasses cette mention : « Un sénateur
à Mazas. Arrestation de M. Laprat-Teulet. »
Bien que le fait en lui-même n'eût rien
d'étrange et révélât seulement le jeu régulier des institutions, M. Bergeret jugea qu'il
y aurait peut-être quelque affectation d'insolence à l'afficher ainsi sur un banc du

Mail, à l'ombre de ces ormes sous lesquels l'honorable M. Laprat-Teulet avait joui tant de fois des honneurs que les démocraties savent accorder aux meilleurs citoyens. C'est là, sur ce Mail, que dans une tribune de velours grenat, sous des trophées de drapeaux, M. Laprat-Teulet, siégeant à la droite de M. le président de la République, avait, aux grandes fêtes régionales ou nationales, aux inaugurations diverses et solennelles, prononcé ces paroles si propres à exalter les bienfaits du régime, en recommandant toutefois la patience aux masses laborieuses et dévouées. Laprat-Teulet, républicain de la première heure, était depuis vingt-cinq ans le chef puissant et vénéré de l'opportunisme dans le département. Blanchi par l'âge et les travaux parlementaires, il se dressait dans sa ville natale comme un chêne orné de bandelettes tricolores. Il avait enrichi ses amis et ruiné ses ennemis. Il était publiquement honoré. Il était auguste et doux. Il parlait aux petits enfants de sa pauvreté, chaque année, dans les distributions de prix. Et il pouvait se dire pauvre sans se faire de tort, car personne ne le croyait, et l'on ne pouvait douter qu'il ne fût très riche. On connaissait les sources de sa fortune, les mille canaux par lesquels son intelligence et son travail avaient drainé l'argent. On savait ce que lui avaient rapporté toutes les entreprises fondées sur son crédit politique, toutes les concessions assurées par son influence parlementaire. Car c'était un grand député d'affaires, un excellent orateur financier. Ses amis savaient aussi bien et mieux que ses ennemis ce qu'il avait touché au Panama et ailleurs. Sage, jaloux de ne pas fatiguer la fortune, modéré, ce grand aïeul de la démocratie laborieuse et intelligente avait depuis dix ans, au premier souffle de l'orage, renoncé aux grandes affaires; il avait quitté même le Palais-Bourbon et s'était retiré au

Luxembourg, dans ce grand conseil des communes de France où l'on appréciait sa sagesse et son dévouement à la République. Il y était puissant et caché. Il ne parlait qu'au sein des commissions. Mais là il déployait encore ses brillantes facultés justement appréciées depuis longtemps par les princes de la finance cosmopolite. Il demeurait le défenseur courageux de ce système fiscal, inauguré par la Révolution et fondé, comme on sait, sur la justice et la liberté. Il soutenait le capital avec cette émotion si touchante chez les vieux lutteurs. Les ralliés eux-mêmes vénéraient en Laprat-Teulet une âme apaisée et vraiment conservatrice, un génie tutélaire de la propriété individuelle.

« Il a des sentiments honnêtes, disait M. de Terremondre. Et c'est dommage qu'il porte aujourd'hui le poids d'un passé difficile. » Mais Laprat-Teulet avait des ennemis acharnés à sa perte. « J'ai mérité ces haines, disait-il noblement, en défendant les intérêts qui m'étaient confiés. »

Ses ennemis le poursuivaient jusque dans l'ombre vénérable du Sénat, où ses malheurs le rendaient encore plus auguste, car il avait connu les temps difficiles et s'était trouvé jadis à deux doigts de sa perte, par la faute d'un garde des sceaux qui n'était pas du syndicat, et qui l'avait livré imprudemment à la justice étonnée. Ni l'honorable M. Laprat-Teulet, ni son juge d'instruction, ni son avocat, ni M. le procureur de la République, ni M. le garde des sceaux lui-même n'avait prévu, n'avait compris la cause de ces déclanchements subits et partiels de la machine gouvernementale, ces catastrophes burlesques comme un écroulement d'estrade foraine et terribles comme un effet de ce que l'orateur appelait la justice immanente, qui par moments culbutaient de leur siège les plus vénérés législateurs des deux Chambres. Et M. Laprat-Teulet en concevait un étonnement mélancolique. Il ne dédaigna pas de s'expliquer devant la justice. Le nombre et la grandeur de ses alliances le sauva. Un non-lieu intervint, que Laprat-Teulet accepta d'abord modestement et qu'il porta ensuite dans le monde officiel comme un certificat régulier de son innocence. « Le bon Dieu, disait madame Laprat-Teulet, qui était dévote, a fait une grande grâce à mon mari : il lui a accordé le non-lieu qu'il désirait tant. » On sait que, par reconnaissance, madame Laprat-Teulet fit suspendre en *ex-voto*, dans la chapelle de Saint-Antoine, une plaque de marbre portant cette inscription : « Pour une grâce inespérée, une épouse chrétienne ».

Ce non-lieu rassurait les amis politiques de Laprat-Teulet, la foule des anciens ministres et des gros fonctionnaires, qui avaient traversé avec lui l'âge héroïque et les années fructueuses, connu les sept vaches maigres et les sept vaches grasses. Ce non-lieu était une sauvegarde. On le croyait du moins. On put le croire durant plusieurs années. Tout à coup, par un malheureux hasard, par un de ces sinistres survenus d'une manière sourde et perfide comme les voies d'eau qui se déclarent soudain dans les bateaux fatigués, sans raison politique ni morale, en pleine honorabilité, le vieux serviteur de la démocratie, le fils de ses œuvres, que M. le préfet Worms-Clavelin, la veille encore, aux comices, donnait en exemple à tout le département, l'homme d'ordre et de progrès, le défenseur du capital et de la société laïque, l'ami intime des anciens ministres et des anciens présidents, le sénateur Laprat-Teulet, le non-lieu, fut envoyé en prison avec une fournée de parlementaires. Et le journal de la région annonçait en grosses lettres : « Un sénateur à Mazas. Arrestation de M. Laprat-Teulet. » M. Bergeret, qui avait de la délicatesse, retourna le journal sur le dossier du banc.

— Eh bien, lui demanda M. Lantaigne d'une voix bourrue, trouvez-vous beau ce que nous voyons et pensez-vous que cela puisse durer?

— Que voulez-vous dire? demanda M. Bergeret. Parlez-vous, monsieur, des scandales parlementaires ? Mais, d'abord, qu'est-ce qu'un scandale ? Un scandale est l'effet que produit d'ordinaire la révélation d'une action cachée. Car les hommes ne se cachent guère que pour agir contrairement aux mœurs et à l'opinion. Aussi voit-on que les scandales publics sont de tous les temps et de tous les pays, mais qu'ils se produisent avec d'autant plus d'abondance que le gouvernement est moins capable de dissimulation. Et il est clair que les secrets d'État ne sont pas bien gardés en démocratie. Le grand nombre des complices et les haines puissantes des partis en provoque, au contraire, la révélation, tantôt sourde, tantôt éclatante. Il faut considérer encore que le système parlementaire multiplie les prévaricateurs en mettant une multitude de gens en état de prévariquer. Louis XIV fut volé grandement et magnifiquement par un Fouquet. De nos jours, pendant que le président triste, qu'ils avaient choisi pour donner bon air à la maison, montrait aux départements attendris son visage muet de Minerve barbue, il s'effeuillait d'innombrables carnets de chèques sur le Palais-Bourbon. Le mal n'était pas grand en lui-même. Une multitude de besogneux ont part au gouvernement. Exiger qu'ils soient tous intègres, c'est peut-être trop demander à la nature humaine. Et ce que ces pauvres voleurs ont pris est bien peu de chose auprès de ce que notre honnête administration gaspille à toute heure de la journée. Un seul point est à noter. Il est capital. Les traitants de jadis, ce Pauquet de Sainte-Croix, entre autres, qui, sous Louis XV, entassa les richesses de la province dans l'hôtel même où je loge aujourd'hui, « à la troisième chambre », ces effrontés pillards dépouillaient leur patrie et leur prince sans du moins être d'intelligence avec les ennemis du royaume. Au contraire, nos chéquards du Parlement livrent la France à une puissance étrangère, la Finance. Car, il est vrai que la Finance est aujourd'hui une puissance et qu'on peut dire d'elle ce qu'on disait autrefois de l'Église, qu'elle est parmi les nations une illustre étrangère. Nos mandataires, qu'elle achète, sont donc larrons et traîtres. Ils le sont à la vérité petitement et misérablement. Chacun en particulier fait pitié. Leur pullulement seul m'effraie.

» En attendant, l'honorable M. Laprat-Teulet est à Mazas! Il y a été mené le matin du jour où il devait présider dans notre ville le banquet de la défense sociale. Cette arrestation, effectuée au lendemain même du vote autorisant les poursuites, a surpris M. le préfet Worms-Clavelin, qui a désigné, pour la présidence du banquet, M. Dellion, dont on estime universellement la probité, garantie par une richesse héréditaire et quarante ans de prospérité industrielle. M. le préfet, tout en déplorant que les plus hautes personnalités de la République soient sans cesse en butte à la suspicion, se réjouit du bon esprit de ses administrés, qui demeurent attachés au régime, qu'on semble vouloir déconsidérer à plaisir. Il constate, en effet, que les incidents parlementaires tels que celui qui vient de se produire, après tant d'autres, laissent absolument indifférentes les laborieuses populations du département. M. le préfet Worms-Clavelin voit juste. Il n'exagère pas la tranquillité de ces âmes, que rien n'étonne plus. La foule introuvable qui, sans s'émouvoir, a lu dans les feuilles que le sénateur Laprat-Teulet était mis au secret, aurait appris, avec la même quiétude, qu'il était envoyé en ambassade dans quelque cour européenne. Et l'on prévoit que, si la justice le rend à la haute Assemblée, M. Laprat-Teulet siégera, l'année prochaine, dans la commission du budget. Nul doute qu'il ne retrouve ses électeurs à l'expiration de son mandat.

L'abbé Lantaigne interrompit M. Bergeret :

— Ici, monsieur, vous touchez le point faible et faites résonner le creux. Le public s'accoutume à l'immoralité et ne fait plus la différence du bien et du mal. C'est le danger. Nous voyons sans cesse des hontes tomber dans le silence. Il y avait une opinion publique sous la monarchie et sous l'Empire. Il n'y en a plus aujourd'hui. Ce peuple, autrefois ardent et généreux, est devenu tout à coup incapable de haine et d'amour, d'admiration et de mépris.

— Je suis frappé comme vous de cette transformation, dit M. Bergeret. Et j'en cherche les causes sans pouvoir les trouver. Il est souvent parlé, dans les contes chinois, d'un génie fort laid, d'allure pesante, mais dont l'esprit est subtil et qui aime à se divertir. Il s'introduit la nuit dans les maisons habitées, il ouvre comme une boîte le crâne d'un dormeur, en retire le cerveau, met un autre cerveau à la place, et referme doucement le crâne. Son grand plaisir est d'aller ainsi de maison en maison, changeant les cervelles. Et quand, à l'aube, ce génie jovial a regagné son temple, le mandarin s'éveille avec des idées de courtisane et la jeune fille avec les rêves d'un vieux buveur d'opium. Il faut qu'un génie de ce caractère ait troqué de la sorte les cerveaux français contre ceux de quelque peuple inglorieux et patient, traînant sans désirs une morne existence, indifférent au juste et à l'injuste. Car, enfin, nous ne nous ressemblons plus du tout.

M. Bergeret s'interrompit et haussa les épaules. Puis il reprit avec une douce tristesse :

— C'est l'effet de l'âge, et la marque d'une certaine sagesse. L'enfance a des étonnements ; la jeunesse, des colères. Le progrès des années nous a enfin apporté cette paisible indifférence que je devais mieux juger. Notre état moral nous assure la paix au dedans et la paix au dehors.

— Le croyez-vous ? demanda M. l'abbé Lantaigne. Et ne pressentez-vous pas des catastrophes prochaines ?

— La vie est, par elle-même, une catastrophe, répondit M. Bergeret. C'est une catastrophe incessante, puisqu'elle ne peut se manifester que dans un milieu instable et que la condition essentielle de son existence est l'instabilité des forces qui la produisent. La vie d'une nation, comme celle d'un individu, est une ruine perpétuelle, une suite d'écroulements, une interminable expansion de misères et de crimes. Notre pays, qui est le plus beau du monde, ne subsiste, comme les autres, que par le renouvellement de ses misères et de ses fautes. Vivre, c'est détruire. Agir, c'est nuire.

Mais précisément à cette heure, monsieur l'abbé, le plus beau pays du monde agit médiocrement et ne vit point d'une vie violente. C'est ce qui me rassure. Je ne découvre point de signes dans le ciel. Je ne prévois pas de maux prochains, singuliers et spéciaux à notre douce contrée. Vous qui annoncez la catastrophe, monsieur l'abbé, dites-moi, je vous prie, si vous la voyez venir du dedans ou du dehors.

— Le péril est partout, répondit M. Lantaigne. Et vous riez.

— Je n'ai pas envie de rire, répondit M. Bergeret. Il en est peu de sujets pour moi dans ce monde sublunaire, sur ce globe terraqué dont les habitants sont presque tous odieux ou ridicules. Mais je ne crois pas que nous soyons menacés dans notre paix et dans notre indépendance par quelque puissant voisin. Nous ne gênons personne. Nous n'inquiétons pas l'univers. Nous sommes contenus et raisonnables. Les chefs de notre gouvernement ne forment point, qu'on sache, des desseins immodérés dont le succès, bon ou mauvais, assure notre puissance ou consomme notre perte. Nous n'aspirons point à l'hégémonie du monde. Nous sommes devenus supportables à l'Europe. C'est une heureuse nouveauté.

» Regardez, je vous prie, à la vitrine de madame Fusellier, la papetière, les portraits de nos hommes d'État. Et dites s'il en est un seul qui semble fait pour déchaîner la guerre et ravager le monde. Leur génie est médiocre comme leur puissance. Ils ne sont pas en état de commettre des fautes terribles. Ils ne sont pas de grands hommes, Dieu merci ! et nous pouvons dormir tranquilles. Au reste, je crois discerner que l'Europe, tout armée qu'elle est, n'est pas belliqueuse. Il y a dans la guerre une générosité qui déplaît aujourd'hui. On fait battre les Turcs et les Grecs. On joue sur eux comme sur des coqs ou des chevaux. Et l'on ne se battra pas soi-même. Auguste Comte, en 1840, annonçait la fin de la guerre. La prophétie n'était pas, sans doute, d'une vérité précise et littérale. Mais peut-être la vue de ce grand homme perçait-elle un profond avenir. L'état de guerre est l'état ordinaire d'une Europe féodale et monarchique. La féodalité est morte et les antiques despotismes sont combattus par des forces nouvelles. La paix et la guerre dépendent aujourd'hui moins des souverains absolus que de la haute banque internationale, plus puissante que les Puissances. L'Europe financière est d'humeur pacifique. Il est certain du moins qu'elle n'aime point la guerre pour elle-même et par sentiment chevaleresque. Au reste, sa force inféconde ne durera pas longtemps et elle s'abîmera un jour dans la révolution ouvrière. L'Europe socialiste sera probablement amie de la paix. Car il y aura une Europe socialiste, monsieur l'abbé, si toutefois l'on peut appeler socialisme l'inconnu qui vient.

— Monsieur, dit l'abbé Lantaigne, il n'y a qu'une Europe possible, l'Europe chrétienne. Il y aura toujours des guerres. La paix n'est point de ce monde. Puissions-nous retrouver le courage et la foi de nos aïeux ! Soldat de l'église militante, je sais que le combat ne finira qu'à la consommation des siècles. Et je demande à Dieu, comme l'Ajax de votre vieil Homère, de combattre à la clarté du jour. Ce qui m'effraie, ce n'est ni le nombre ni l'audace de nos ennemis, c'est la faiblesse et l'indécision qui règnent dans notre propre camp. L'Église est une armée ; je m'afflige quand je découvre des creux et des vides sur son front de bataille. Je m'indigne de voir des infidèles se glisser dans ses rangs et les adorateurs du Veau d'or s'offrir à la garde du sanctuaire. Je gémis en observant la lutte engagée autour de moi dans la confusion des ténèbres, favorable aux lâches et aux traîtres. La volonté de Dieu soit faite ! Je suis assuré du triomphe final, de la défaite du crime et de l'erreur au jour dernier, qui sera le jour de gloire et de justice.

Il se leva, son regard était ferme. Mais ses joues appesanties tombaient. Il avait l'âme triste. Et ce n'était point sans raisons. Sous lui le séminaire allait à sa ruine. La caisse était en déficit. Poursuivi par le boucher Lafolie, auquel il devait dix mille deux cent trente et un francs, son orgueil redoutait les remontrances de monseigneur le cardinal-archevêque. La mitre sur laquelle il tendait la main s'évanouissait. Il se voyait déjà relégué dans quelque pauvre cure de campagne. Se retournant vers M. Bergeret, il lui dit :

— Les plus terribles calamités sont près de fondre sur la France.

XIII

Maintenant, M. Bergeret allait à l'estaminet. Il passait une heure, chaque soir, au café de la Comédie. On l'en blâmait généralement dans le monde. Il y goûtait une lumière et une chaleur qui n'étaient point matrimoniales; il y lisait les journaux et il y voyait des visages humains, portés par des gens qui ne lui voulaient pas de mal. Il y trouvait parfois M. Goubin, son disciple préféré depuis la trahison de M. Roux. M. Bergeret avait des préférences, parce que son âme esthétique se plaisait à choisir.

Il préférait M. Goubin. Mais il ne l'aimait guère. Et de fait, M. Goubin n'était pas aimable ; mince, grêle, pauvre de chair, de poil, de voix et de pensée, ses yeux tendres cachés sous son lorgnon, les lèvres serrées, il avait toutes les petitesses, un pied et une âme de demoiselle. Ainsi fait, il était exact et minutieux. A son être tout menu s'ajustaient des oreilles en cornet vastes et puissantes, richesse unique de cet organisme indigent. M. Goubin avait le don naturel et l'art d'écouter.

M. Bergeret conversait avec M. Goubin, devant deux chopes, au bruit des dominos brassés sur le marbre des tables voisines. A onze heures, le maître se levait. L'élève l'imitait. Et ils allaient, par la place déserte du Théâtre et par les rues obscures, jusques aux tristes Tintelleries.

Ils cheminaient ainsi par une nuit de mai. L'air, qu'avaient lavé de lourdes pluies d'orage, était frais, léger, et plein d'une odeur de terre et de feuilles. Le ciel sans lune et sans nuages tenait suspendues dans sa profondeur sombre des goutelettes de lumière, presque toutes blanches comme le diamant, auxquelles se mêlaient pourtant çà et là des gouttelettes de lumière rouge ou bleue. M. Bergeret, levant les yeux au ciel, contempla les étoiles. Il reconnaissait assez bien les constellations. Le chapeau en arrière, la face horizontale, il désigna, du bout de sa canne, aux regards embrouillés de M. Goubin, les Gémeaux, et murmura ces vers :

> Oh ! soit que l'astre pur des deux frères d'Hélène
> Calme sous ton vaisseau la vague ionienne,
> Soit qu'aux bords de Pœstum...

Puis brusquement :

— Savez-vous, monsieur Goubin, que nous recevons d'Amérique des nouvelles de Vénus, et que ces nouvelles ne sont pas bonnes ?

M. Goubin s'apprêtait docilement à chercher Vénus dans le ciel. Mais le maître l'avertit qu'elle était couchée.

— Cette belle étoile, dit-il, est un enfer de glace et de feu. Je le tiens de M. Camille Flammarion lui-même, qui m'instruit, chaque mois, en d'excellents articles, de toutes les nouveautés du ciel. Vénus présente constamment au soleil la même face, comme la lune à la terre. L'astronome du mont Hamilton l'affirme. A l'en croire, l'un des hémisphères de Vénus est un désert brûlant ; l'autre, une solitude de glaces et de ténèbres. Et cette belle lumière de nos soirs et de nos matins est pleine de silence et de mort.

— Vraiment ! dit M. Goubin.

— C'est ce qu'on croit cette année, répondit M. Bergeret. Pour ma part, je ne suis pas très éloigné de penser que la vie, telle du moins qu'elle se manifeste sur la terre, je veux dire cet état d'activité que présente la substance organisée dans les plantes et dans les animaux, est l'effet d'un trouble dans l'économie de la planète, un produit morbide, une lèpre, quelque chose enfin de dégoûtant, qui ne se retrouve pas dans un astre sain et bien constitué. Cette idée me sourit et me console. Car, enfin, il est triste de penser que tous ces soleils allumés sur nos têtes réchauffent des planètes aussi misérables que la nôtre et que l'univers multiplie à l'infini la souffrance et la laideur.

» Nous ne saurions parler des planètes dépendantes de Sirius ou d'Aldébaran, d'Altaïr où de Véga, de ces poussières obscures qui peuvent accompagner les gouttes de feu répandues dans le ciel, puisque leur existence même ne nous est pas connue et que nous ne la soupçonnons qu'en vertu des analogies existant entre notre soleil et les autres étoiles de l'univers. Mais si nous nous faisons quelque idée des astres de notre système, cette idée n'est point que la vie y règne dans les formes ignobles qu'elle affecte généralement sur la terre. On ne peut supposer qu'il se trouve des êtres organisés comme nous dans le chaos des géants Saturne et Jupiter. Uranus et Neptune sont sans lumière ni chaleur. L'espèce de corruption que nous appelons la vie organique ne saurait donc s'y produire. Il n'est pas plus croyable qu'elle se manifeste dans cette cendre d'astres répandue dans l'éther entre les orbites de Mars et de Jupiter, et qui n'est que la matière éparse d'une planète. La petite boule Mercure semble trop ardente pour produire cette moisissure qu'est la vie animale et la vie végétale. La lune est un monde mort. Nous venons d'apprendre que la température de Vénus ne convient point à ce que nous appelons des organismes. Donc, nous ne pourrions rien imaginer de comparable à l'homme dans tout le système solaire, s'il ne s'y trouvait point la planète Mars qui, malheureusement pour elle, présente quelque ressemblance avec la terre. Elle a de l'air, de l'eau ; elle a peut-être de quoi faire, hélas! des animaux comme nous.

— N'est-il pas vrai qu'on la croit habitée? demanda M. Goubin.

— On fut parfois tenté de le supposer, répondit M. Bergeret. La figure de ce monde nous est mal connue. Elle semble variable et sans cesse agitée. On y voit des canaux dont l'origine et la nature sont ignorées. Et nous ne sommes point sûrs que ce monde voisin soit attristé et déshonoré par des êtres semblables à des hommes.

M. Bergeret était à sa porte. Il s'arrêta et dit :

— Je veux croire encore que la vie organique est un mal particulier à cette vilaine petite planète-ci. Il serait désolant de penser qu'on mange et qu'on est mangé dans l'infini des cieux.

XIV

Le fiacre qui portait madame Worms-Clavelin dans Paris franchit la porte Maillot entre les grilles couronnées civiquement de fers de piques, près desquelles sommeillaient au soleil les gabelous poudreux et les bouquetières hâlées. Laissant à sa droite l'avenue de la Révolte, dont les cabarets bas, barbouillés de rouge, moisis, et les maigres tonnelles regardent la chapelle Saint-Ferdinand, agenouillée seule et petite au bord du morne fossé militaire plein d'herbe écorchée et malade, il s'engagea dans la rue de

Chartres, triste sous son éternelle poussière de pierres qu'on taille, et parvint aux belles voies ombreuses qui s'ouvrent dans le parc royal découpé maintenant en minces propriétés bourgeoises. Sur la chaussée paisible où le fiacre roulait pesamment entre deux rangs de platanes, par moments, dans le silence et la solitude, des bicyclistes, vêtus de clair, l'échine courbée, la tête fendant l'air, glissaient aux allures des bêtes rapides. En sa fuite aisée, leur vol allongé de grands oiseaux atteignait presque à la grâce par l'aisance des mouvements, presque à la beauté par l'ampleur des courbes décrites. Entre les troncs des arbres en bordure, madame Worms-Clavelin découvrait, derrière les grilles, les pelouses, les petits bassins, les perrons et les marquises de goût mince. Et elle rêvait vaguement d'habiter dans ses vieux jours une maison comme celles dont elle apercevait le plâtre clair et l'ardoise dans le feuillage, car elle était sage et modérée en ses désirs, et elle sentait naître au fond de son cœur le goût des poules et des lapins. Çà et là, dans les larges avenues, de grands bâtiments s'élevaient, chapelles, maisons d'éducation, maisons de retraite, maisons de santé, l'église anglicane et ses pignons d'un gothique froid; les demeures pieuses, d'une gravité placide, une croix sur la porte et une cloche toute noire contre le mur, avec sa chaîne qui pend. Puis le fiacre s'enfonça dans la région basse et déserte des pépiniéristes où les vitrages des serres brillent au bout des étroites allées de sable, où tout à coup se dressent les kiosques absurdes des constructeurs rustiques et les troncs d'arbres morts, imités en grès par un ingénieur ornemaniste pour jardins. On sent dans ce Bas-Neuilly la fraîcheur de la rivière prochaine, les vapeurs d'un sol humide encore des eaux qui y dormaient à une époque toute récente, disent les géologues, les exhalaisons des marécages sur lesquels le vent courbait les roseaux, il y a mille ou quinze cents ans à peine.

Madame Worms-Clavelin regarda par la portière : elle était près d'arriver. Devant elle, la pointe fine des peupliers qui longent le fleuve se levait au bout de l'avenue. La vie recommençait diverse et pressée. Les hauts murs, les toits à crête découpée se suivaient sans interruption. Le fiacre s'arrêta devant une grande maison moderne, construite avec une parcimonie visible et même avec lésine, au mépris de la grâce et de l'art, et pourtant décente et d'assez bon air, percée de fenêtres étroites, parmi lesquelles celles d'une chapelle se reconnaissaient au réseau de plomb qui reliait les pièces du vitrail. Sur cette façade plate et sans ornements, les traditions de l'art national et chrétien étaient rappelées très discrètement à la charpente du toit par les lucarnes en triangle surmontées d'un trèfle. Au fronton de la porte d'entrée, une ampoule était sculptée, figurant la fiole où fut renfermé le sang du Sauveur emporté dans un gant par Joseph d'Arimathie. C'était l'écusson des Dames du Précieux-Sang dont la congrégation, fondée en 1829 par madame Marie Latreille, fut reconnue en 1868 par l'État, grâce à la volonté favorable de l'impératrice Eugénie. Les dames du Précieux-Sang se vouaient à l'éducation des jeunes filles.

Madame Worms-Clavelin sauta de voiture, sonna à la porte qui s'entr'ouvrit avec prudence et circonspection et pénétra dans le parloir, tandis que la sœur tourière avertissait par le tour que mademoiselle de Clavelin était appelée auprès de madame sa mère. Le parloir n'était meublé que de chaises de crin. Sur le mur blanc, dans une niche, une sainte Vierge, peinte de couleurs tendres, l'air mièvre, ouvrait les mains, debout, les pieds cachés. La pièce, grande, froide, blanche, avait un caractère de calme, d'ordre, de rectitude. On y sentait une force secrète, une puissance sociale qui ne se montrait pas.

Madame Worms-Clavelin respira avec une grave satisfaction l'air de ce parloir, un air humide, mêlé d'une odeur de cuisine fade. Ayant traîné son enfance par les petites écoles bruyantes de Montmartre, sous des barbouillages d'encre et de confitures, dans un échange perpétuel de vilains mots et de vilains gestes, elle tenait en haute estime l'austérité de l'éducation aristocratique et religieuse. Elle avait fait baptiser sa fille pour qu'elle pût être admise dans un couvent distingué. Elle avait pensé : « Jeanne sera mieux élevée, et elle aura chance de faire un meilleur mariage. » Jeanne avait reçu le baptême à onze ans, dans un grand secret, parce qu'on était alors sous un ministère radical. Depuis, la République et l'Église s'étaient rapprochées l'une de l'autre.

Mais, pour ne point mécontenter les purs du département, madame Worms-Clavelin cachait que sa fille fût élevée chez des religieuses. Le secret pourtant en avait été surpris, et parfois la feuille cléricale du département publiait un filet que le conseiller de préfecture, M. Lacarelle, mettait, entouré d'un trait de crayon bleu, sous les yeux de M. le préfet, qui lisait :

> Est-il vrai que le juif persécuteur, placé par les francs-maçons à la tête de l'administration départementale pour combattre Dieu parmi nos populations fidèles, fait élever sa fille dans un couvent?

M. Worms-Clavelin haussait les épaules et jetait le journal au panier. Le surlendemain, le rédacteur catholique insérait un nouveau filet, comme on pouvait s'y attendre après avoir lu le premier.

> J'ai demandé au préfet juif, Worms-Clavelin, s'il était vrai qu'il fit élever sa fille dans un couvent. Ce franc-maçon ne m'ayant pas répondu, pour cause, je ferai moi-même la réponse à ma question. Ce juif honteux, après avoir fait

baptiser sa fille, l'a mise dans une maison d'éducation catholique.

Mademoiselle Worms-Clavelin est à Neuilly-sur-Seine, élevée par les dames du Précieux-Sang.

C'est plaisir de voir comme ces gaillards-là sont sincères !

L'éducation laïque, athée, homicide, c'est bon pour le peuple qui les nourrit !

Que les populations sachent de quel côté sont les tartufes !

M. Lacarelle, conseiller de préfecture, encadrait le filet au crayon bleu et mettait la feuille déployée sur le bureau du préfet, qui la jetait dans sa corbeille. M. Worms-Clavelin avertissait les feuilles officieuses de ne point engager de polémique. Et cette petite affaire tombait dans l'oubli, dans l'insondable oubli, dans la nuit sans mémoire où s'enfoncent tour à tour, après un moment d'éclat, les hontes et les gloires, les beautés et les scandales du régime. Madame Worms-Clavelin, considérant la force et la richesse de l'Église, avait tenu la main énergiquement à ce que Jeanne fût laissée à ces religieuses qui donnaient à la jeune fille des principes et des manières.

Elle s'assit, très modeste, cachant ses pieds sous sa robe, comme la Vierge blanche, rose et bleue de la niche, et tenant du bout de ses doigts, par le fil, la boîte de chocolat qu'elle apportait à Jeanne.

Une grande fillette entra en coup de vent dans le parloir, longue dans sa robe noire, ceinte du cordon rouge des « moyennes ».

— Bonjour, maman !

Madame Worms-Clavelin l'examina avec une tendresse maternelle et aussi l'instinct de maquignonnage qu'elle avait, l'attira à elle, lui regarda les dents, la fit tenir droite, observa la taille, les épaules, le dos, et parut satisfaite.

— Mon Dieu ! que tu es grande ! Tu as des bras d'une longueur !...

— Maman, ne m'intimide pas. Je ne sais déjà pas où les mettre.

Elle s'assit et joignit sur ses genoux ses mains rouges. Elle répondit avec ennui et gentillesse aux questions que sa mère lui fit sur sa santé, aux instructions hygiéniques, aux recommandations relatives à l'huile de foie de morue. Puis elle demanda :

— Et papa ?

Madame Worms-Clavelin fut presque surprise qu'on lui demandât des nouvelles de son mari, non qu'elle eût elle-même de l'indifférence pour lui, mais parce qu'elle n'imaginait point qu'on pût rien dire de nouveau sur cet homme stable, immuable, permanent, qui n'était jamais malade et qui ne faisait, ni ne disait jamais rien de singulier.

— Ton père ? Qu'est-ce que tu veux qui lui arrive ? Nous sommes de première classe. Et nous n'avons pas envie de changer.

Elle songea tout de même qu'il faudrait bientôt penser à s'assurer une retraite convenable, soit une trésorerie générale, soit plutôt le conseil d'État. Et ses beaux yeux se voilaient de rêverie.

Sa fille lui demanda à quoi elle pensait.

— Je pense qu'un jour, nous pourrions

revenir à Paris. J'aime Paris, moi. Mais nous y serions si peu de chose !

— Pourtant papa a des capacités. Sœur Sainte-Marie-des-Anges l'a dit en classe. Elle a dit : « Mademoiselle de Clavelin, votre père a déployé de grandes capacités administratives. »

Madame Worms-Clavelin secoua la tête.

— C'est qu'il faut beaucoup d'argent pour avoir un état de maison à Paris.

— Tu aimes Paris, toi, maman. Moi j'aime la campagne.

— Tu ne la connais pas, ma chérie.

— Mais maman, on n'aime pas que ce qu'on connaît.

— Il y a tout de même quelque chose de vrai dans ce que tu dis là.

— Tu ne sais pas, maman ?... J'ai eu le diplôme d'honneur pour ma composition d'histoire. Madame de Saint-Joseph a dit que j'étais la seule qui avait traité le sujet à fond.

Madame Worms-Clavelin demanda mollement :

— Quel sujet ?

— La Pragmatique Sanction.

Madame Worms-Clavelin demanda, cette fois avec l'accent d'une surprise véritable :

— Qu'est-ce que c'est que ça ?

— C'est une faute de Charles VII. C'est même sa faute la plus grave.

Madame Worms-Clavelin trouvait cette réponse obscure. Elle s'en contentait néanmoins, ne prenant aucun intérêt à l'histoire du moyen âge. Mais Jeanne, pleine de son sujet, poursuivit gravement :

— Oui, maman. C'est la faute capitale de ce règne, une violation flagrante des droits du Saint-Siège, une spoliation criminelle du patrimoine de Saint-Pierre. Cette faute fut heureusement réparée par François Ier... A propos, tu ne sais pas, maman ? la gouvernante d'Alice, nous avons découvert que c'était une ancienne cocotte...

Avec une pressante énergie madame Worms-Clavelin invita sa fille à ne plus faire, avec ses compagnes, des recherches de cette nature. Et elle se fâcha :

— Tu es parfaitement ridicule, Jeanne; tu dis des mots sans te rendre compte...

Jeanne garda un silence mystérieux; puis soudain :

— Maman, j'ai à te dire que mes pantalons sont dans un état que c'est une horreur. Tu sais, le linge, ça n'a jamais été ta préoccupation dominante. Je ne t'en fais pas un reproche; on est pour le linge, ou pour les robes, ou pour les bijoux. Toi, maman, tu es pour les bijoux. Moi, je suis pour le linge... Et puis nous avons fait une neuvaine. J'ai bien prié pour toi et pour papa, va ! Et puis j'ai gagné quatre mille neuf cent trente-sept jours d'indulgences.

XV

— J'ai plutôt des sentiments religieux, dit M. de Terremondre ; mais je trouve malheureuses les paroles prononcées à Notre-Dame par le Père Ollivier. C'est d'ailleurs l'avis général.

— Vous le blâmez sans doute, répondit M. Lantaigne, d'avoir expliqué cette catastrophe comme une leçon donnée par Dieu à l'orgueil et à l'incrédulité. Vous lui reprochez d'avoir montré la nation préférée soudainement punie de ses abandons et de ses révoltes. Fallait-il donc qu'il renonçât à donner un sens à ces scènes terribles ?

— Il y avait, reprit M. de Terremondre, des convenances à observer. La présence du chef de l'État lui imposait notamment une certaine réserve.

— Il est vrai, dit M. Lantaigne, que ce religieux osa dire à la face du président et des ministres de la République, devant les puissants et les riches, auteurs ou complices de nos hontes, que la France avait manqué à sa vocation séculaire en se détournant des chrétiens d'Orient, massacrés par milliers, et en favorisant lâchement le Croissant contre la Croix. Il osa dire que la nation longtemps fidèle avait chassé le vrai Dieu de ses écoles et de ses assemblées. Voilà ce dont vous lui faites un crime, vous, monsieur de Terremondre, un des chefs du parti catholique dans notre département.

M. de Terremondre protesta de son dévouement aux intérêts religieux. Mais il gardait son sentiment. D'abord, il n'était pas pour les Grecs. Il était pour les Turcs, ou, du moins, il était pour la tranquillité. Et il connaissait beaucoup de catholiques à qui les chrétiens d'Orient étaient tout à fait indifférents. Fallait-il les blesser dans leurs convictions légitimes? On n'est pas tenu d'être philhellène. Le pape ne l'est pas.

— Monsieur l'abbé, ajouta-t-il, je vous écoute avec une extrême déférence. Mais je persiste à croire qu'il fallait tenir un langage plus conciliant dans un jour de deuil et d'espérance qui semblait sceller la réconciliation des classes...

— Et tandis que la Bourse remontait, attestant la sagesse de la France et de l'Europe dans les affaires d'Orient, ajouta M. Bergeret avec un mauvais rire.

— Effectivement, reprit M. de Terremondre. Nous devons ménager un gouvernement qui combat les socialistes et sous lequel les idées religieuses et conservatrices ont fait un progrès indéniable. Notre préfet, M. Worms-Clavelin, bien qu'israélite et franc-maçon, montre pour les intérêts du clergé une vive sollicitude. Madame Worms-Clavelin a fait baptiser sa fille et l'a mise dans un couvent de Paris où elle reçoit une excellente éducation. Je le sais, car mademoiselle Jeanne Clavelin est dans la même classe que mes nièces d'Ansey. Madame Worms-Clavelin patronne quelques-unes de nos œuvres; et, malgré son origine et sa situation, elle déguise à peine aujourd'hui ses sympathies aristocratiques et religieuses.

— Je vous crois sans peine, dit M. Bergeret, et vous pouvez affirmer généralement que le catholicisme, à cette heure, en France, n'a nulle part de soutien plus fort que dans la richesse juive.

— Vous ne vous trompez guères, reprit M. de Terremondre. Les israélites donnent beaucoup aux œuvres catholiques... Mais ce qu'il y a de choquant dans le discours du Père Ollivier, c'est qu'il prête pour ainsi dire à Dieu l'idée et l'inspiration de la catastrophe. Il semblerait, à l'entendre, que le bon Dieu a mis le feu lui-même au Bazar. Ma tante d'Ansey, qui assistait à la cérémonie, en est revenue indignée. Vous n'admettez pas de tels écarts, monsieur l'abbé, j'en suis sûr.

M. Lantaigne n'engageait pas imprudemment, d'ordinaire, une discussion théologique avec des gens du siècle, peu propres à la soutenir. Bien qu'il aimât ardemment la controverse, ses mœurs sacerdotales l'en détournaient dans les occasions frivoles, comme était celle-ci. Il garda le silence et ce fut M. Bergeret qui répondit à M. de Terremondre :

— Vous eussiez préféré, monsieur, que ce moine excusât le Dieu bon d'un malheur arrivé, par hasard, sur un point mal surveillé de sa création, et prêtât au Seigneur, après la catastrophe, l'attitude attristée, modeste et décente de M. le préfet de police.

— Vous vous moquez de moi, dit M. de Terremondre. Mais fallait-il parler de victimes expiatoires et d'ange exterminateur? Ce sont des idées d'un autre âge.

— Ce sont des idées chrétiennes, dit M. Bergeret. M. Lantaigne ne le niera pas.

Comme le prêtre gardait le silence, M. Bergeret reprit :

— Il y a dans un livre dont M. Lantaigne approuve la doctrine, dans l'illustre *Essai sur l'indifférence*, une théorie de l'expiation que je vous conseille de lire. J'en ai retenu une phrase que je puis vous rapporter assez exactement : « Une loi fatale, dit Lamennais, une loi inexorable nous presse ; nous ne pouvons échapper à son empire : cette loi, c'est l'expiation, axe inflexible du monde moral, sur lequel roulent toutes les destinées de l'humanité. »

— Parfaitement, dit M. de Terremondre.

Mais se peut-il que Dieu ait voulu frapper des femmes honnêtes et charitables, comme ma cousine Courtrai comme mes nièces Laneux et Felissay, qui ont été horriblement brûlées dans cet incendie ? Dieu n'est ni cruel ni injuste.

M. Lantaigne assura son bréviaire sous le bras gauche et fit mine de s'en aller. Puis, se ravisant, il se tourna vers M. de Terremondre et, la main droite levée, dit gravement :

— Dieu ne fut ni cruel ni injuste envers ces femmes dont il fit, en sa miséricorde, des hosties et les images de la Victime sans tache. Mais puisque les chrétiens eux-mêmes ont perdu jusqu'au sentiment du sacrifice et jusqu'à l'usage de la douleur, puisqu'ils sont tombés dans l'ignorance des plus saints mystères de la religion, ne devant point désespérer de leur salut, il faut donc attendre des avertissements plus terribles, des avis plus pressants et de plus grands signes. Adieu, monsieur de Terremondre. Je vous laisse avec M. Bergeret qui, n'ayant point de religion, ne tombe pas du moins dans les misères et les hontes de la religion facile, et qui, avec les faibles secours de l'intelligence que le cœur n'aide point, se fera un jeu de vous confondre.

Il dit et s'éloigna d'une ferme et roide allure :

— Qu'est-ce qu'il a? demanda M. de Terremondre en le suivant des yeux. Je crois qu'il m'en veut. C'est un homme digne de respect. Mais il a le caractère difficile. Son esprit s'aigrit dans des querelles perpétuelles. Il est brouillé avec son archevêque, avec les professeurs du séminaire, avec la moitié du clergé diocésain. Il est fort douteux qu'il devienne évêque. Et je commence à croire qu'il vaut mieux, pour l'Église et pour lui, le laisser à la place où il est. Ce serait un évêque dangereux par son intolérance. Quelle étrange idée d'approuver le discours du Père Ollivier!

— J'approuve aussi ce discours, dit M. Bergeret.

— Vous, c'est différent, dit M. de Terremondre. Vous vous amusez. Vous n'êtes pas religieux.

— Je ne suis pas religieux, dit M. Bergeret. Mais je suis théologien.

— Moi, dit M. de Terremondre, je suis religieux, et je ne suis pas théologien. Et je suis indigné d'entendre dire en chaire que Dieu a fait périr dans les flammes de malheureuses femmes pour punir les crimes de notre pays, qui ne marche pas à la tête de l'Europe. Le Père Ollivier croit-il qu'il nous soit si facile, dans les circonstances actuelles, de marcher à la tête de l'Europe ?

— Il aurait tort de le croire, dit M Bergeret. Mais vous, vous qui êtes, comme on vient de vous le dire, un des chefs du parti catholique dans le département, vous devez savoir que votre Dieu montrait jadis, aux âges bibliques, un goût assez vif pour les sacrifices humains et que l'odeur du sang lui était agréable. Il se réjouissait des massacres et jubilait dans les exterminations. Tel était son caractère, monsieur de Terremondre. Il était sanguinaire comme M. de Gromance qui, tout le long de l'an, tire, selon la saison, les chevreuils, les perdrix, les lapins, les cailles, les canards sauvages, les faisans, les coqs de bruyère et les coucous. Il immolait les innocents et les coupables, les guerriers et les vierges, plume et poil. Il paraît bien qu'il goûta avec plaisir à la fille de Jephté.

— Détrompez-vous, dit M. de Terremondre. Elle lui fut consacrée. Mais ce ne fut pas un sacrifice sanglant.

— On vous le persuade, dit M. Bergeret, par égard pour votre sensibilité. Mais réellement elle fut égorgée. Jéhovah se montrait surtout friand de chair fraîche. Le petit Joas, nourri dans le temple, n'ignorait pas la manière dont ce dieu aimait les enfants.

Quand la bonne Josabet lui essaya le bandeau des rois, il en conçut une extrême inquiétude et fit cette question intéressée :

> Est-ce qu'en holocauste aujourd'hui présenté,
> Je dois, comme autrefois la fille de Jephté,
> Du Seigneur par ma mort apaiser la colère?

» En ce temps-là, Jéhovah ressemblait à son rival Chamos : c'était un être féroce, injuste et cruel. Il disait : « Par les morts couchés sur votre route, vous saurez que je suis le Seigneur ». Ne vous y trompez pas, monsieur de Terremondre, en passant des juifs aux chrétiens, il est demeuré rude, et le goût du sang lui est resté. Je ne vous dis point qu'en ce siècle, au déclin de l'âge, il ne se soit pas quelque peu adouci et qu'il n'ait pas glissé lui-même sur cette pente de facilité et d'indifférence que nous descendons tous. Du moins a-t-il cessé de se répandre en menaces et en invectives. Pour l'heure, il n'annonce ses vengeances que par la bouche de mademoiselle Deniseau, que personne n'écoute. Mais ses principes sont les mêmes qu'autrefois. Son système moral n'est pas essentiellement changé.

— Vous êtes un grand ennemi de notre religion, dit M. de Terremondre.

— Nullement, dit M. Bergeret. J'y découvre, il est vrai, ce que j'appellerai des difficultés intellectuelles et morales. J'y découvre même des cruautés. Mais ces cruautés sont anciennes, polies par les âges, roulées comme des galets, tout émoussées. Elles sont devenues presque innocentes. J'aurais plus de peur d'une religion nouvelle, façonnée trop exactement. Cette religion, fût-elle fondée sur la morale la plus indulgente et la plus belle, fonctionnerait d'abord avec une rigueur incommode et une exactitude pénible. J'aime mieux une intolérance rouillée qu'une charité aiguisée de frais. A tout prendre, c'est l'abbé Lantaigne qui a tort, c'est moi qui ai tort, et c'est vous qui avez raison, monsieur de Terremondre. Sur cette antique religion judéo-chrétienne, tant de siècles de passions humaines, de haines et d'amours terrestres, tant de civilisations barbares ou raffinées, austères ou voluptueuses, impitoyables ou tolérantes, humbles ou superbes, agricoles, pastorales, guerrières, marchandes, industrielles, oligarchiques, aristocratiques, démocratiques, ont passé, que tout est maintenant aplani. Les religions n'ont guère d'effet sur les mœurs et elles sont ce que les mœurs les font...

XVI

Madame Bergeret avait en horreur le silence et la solitude. Depuis que M. Bergeret ne lui adressait plus la parole et vivait séparé d'elle, son appartement l'effrayait comme un sépulcre; elle n'y rentrait qu'en pâlissant. Ses filles y eussent mis du moins le mouvement et le bruit nécessaires à sa santé; mais, à l'automne, lors d'une épidémie typhique, elle les avait envoyées chez mademoiselle Zoé Bergeret, leur tante, à Arcachon, où elles avaient passé l'hiver et d'où leur père ne songeait point à les rappeler, dans les conjonctures présentes. Madame Bergeret était une femme d'intérieur. Elle avait l'âme domestique. L'adultère n'avait été pour elle qu'une expansion de sa vie conjugale, un rayonnement de son foyer. Elle s'y était livrée par matronal orgueil autant que sur les sollicitations de sa chair épanouie et féconde. Elle avait toujours entendu que son petit commerce physique avec le jeune M. Roux demeurât une pratique secrète et bourgeoise, un adultère modéré, supposant, impliquant, confirmant cet état de mariage que le monde honore, que l'Église sanctifie, qui assure à la femme sa sécurité privée et sa dignité sociale. Madame Bergeret était une épouse chrétienne. Elle savait que le mariage est un sacrement dont les effets augustes et durables ne peuvent être détruits par une faute comme celle qu'elle avait commise, grave, il est vrai, mais pardonnable et rémissible. Sans se juger elle-même avec une grande clarté morale, elle sentait que sa faute était petite, simple, sans malice profonde, sans la passion qui seule donne aux fautes la grandeur du crime et perd la coupable. Elle sentait qu'elle n'était point une grande criminelle, mais plutôt qu'elle n'avait pas eu de chance. Les conséquences inattendues de cette insignifiante affaire, elle les voyait se dérouler avec une morne lenteur, qui l'épouvantait. Elle souffrait cruellement d'être seule et déchue dans sa maison, d'avoir perdu sa souveraineté domestique, d'être dépouillée, pour ainsi dire, de son âme ménagère et cuisinière. La souffrance ne lui était pas bonne et ne la purifiait pas. La souffrance inspirait à son pauvre génie tantôt la révolte et tantôt l'abaissement. Chaque jour, vers trois heures de l'après-midi, elle sortait, roide, pompeusement parée, l'œil clair, les joues irritées, terrible, et gagnait à grandes enjambées les maisons amies. Elle allait en visite chez madame Torquet, la femme du doyen ; chez madame Leterrier, la femme du recteur ; chez madame Ossian Colot, la femme du directeur de la prison ; chez madame Surcoux, la femme du greffier ; chez toutes les dames de la moyenne bourgeoisie. Car elle n'était admise ni dans la noblesse ni chez les gros capitalistes. Et dans chaque salon elle se répandait en plaintes sur M. Bergeret et chargeait son mari de tous les torts bizarres que lui suggérait son imagination faible mais concentrée. Elle l'accusait notamment de la séparer de ses filles, de la laisser sans argent, et, déserteur du foyer, de courir les cafés et peut-être les tripots. Partout elle gagnait des sympathies, inspirait le plus tendre intérêt. La pitié qu'elle faisait naître grandissait, s'étendait, montait. Madame Dellion, la femme du maître de forges, qui ne pouvait consentir à la recevoir, puisqu'elles n'étaient pas de la même société, lui faisait savoir du moins qu'elle la plaignait de tout son cœur et qu'elle réprouvait la conduite odieuse de M. Bergeret. Ainsi madame Bergeret soutenait et contentait chaque jour, par la ville, son âme jalouse de considération sociale et de bonne renommée. Mais quand, le soir, elle remontait l'escalier de sa maison, son cœur se serrait. Elle soulevait péniblement ses jambes amollies. Elle oubliait son orgueil, ses vengeances, les injures, les calomnies frivoles qu'elle avait semées par la ville. Il lui venait un sincère désir de rentrer en grâce auprès de M. Bergeret, afin de n'être plus seule. Cette idée, à laquelle ne se mêlait nulle perfidie, coulait naturellement de cette âme facile. Vains désirs ! Inutile pensée ! M. Bergeret continuait d'ignorer madame Bergeret.

Ce soir-là, madame Bergeret dit dans la cuisine :

— Euphémie, allez demander à monsieur comment il veut qu'on fasse les œufs.

C'était une pensée nouvelle en son esprit de soumettre le menu au maître de la maison. Naguère, au jour de son innocence altière, elle lui imposait les plats qu'il n'aimait pas et qui rebutaient l'estomac délicat de l'homme d'étude. La jeune Euphémie avait un esprit de peu d'étendue, mais juste et rigoureux. Elle objecta fermement à madame Bergeret, comme elle l'avait déjà fait maintes fois, en de semblables occasions, qu'il était bien inutile que madame fît rien demander à monsieur qui ne répondrait rien, puisqu'il était « buté ». Mais madame, renversant la tête et abaissant les paupières en signe d'obstination, renouvela l'ordre qu'elle venait de donner.

— Euphémie, faites ce que je vous dis. Allez demander à monsieur comment il veut qu'on lui fasse ses œufs. Et n'oubliez pas de l'avertir qu'ils sont pondus du jour, qu'ils viennent de chez Trécul.

Cependant M. Bergeret, dans son cabinet,

travaillait à ce *Virgilius nauticus* qu'un éditeur lui avait demandé pour en enrichir une édition savante de *l'Énéide*, préparée depuis plus de trente ans par trois générations de philologues et dont les premières feuilles étaient déjà tirées. Et le maître de conférences composait, fiche par fiche, ce lexique spécial. Il en concevait pour lui-même une sorte d'admiration, et il s'en félicitait en ces termes :

— Ainsi, moi, ce terrien qui n'a jamais navigué que sur le bateau à vapeur qui, l'été, chaque dimanche, remontant la rivière, porte les citadins aux coteaux de Tuillières où l'on boit du vin mousseux; moi, ce bon Français qui n'a jamais vu la mer qu'à Villers, moi Lucien Bergeret, je suis l'interprète de Virgile nautique, j'explique les termes de marine employés par un poète exact, savant, précis malgré sa rhétorique, et mathématicien, mécanicien, géomètre, un Italien très avisé, que des matelots, couchés au soleil sur les plages de Naples et de Misène, avaient instruit dans les choses de la mer, qui avait peut-être bien sa birème et qui enfin, de Naples à Athènes, fendit la mer bleue sous les astres clairs des deux frères d'Hélène. J'y parviens, grâce à l'excellence de mes méthodes philologiques. Et M. Goubin, mon élève, y réussirait aussi bien que moi.

M. Bergeret se plaisait à l'accomplissement de cet ouvrage dont son esprit était occupé sans trouble et sans agitation. Il éprouvait une véritable satisfaction à tracer sur la feuille de carton mince des caractères menus et réguliers, images et témoignages de la rectitude intellectuelle que veut la philologie. A cette joie de l'esprit, ses sens consentaient et participaient, tant il est vrai que les voluptés qui s'offrent aux hommes sont plus diverses qu'on ne se le figure communément. Et M. Bergeret goûtait les tranquilles délices d'écrire ceci :

Servius croit que Virgile a mis *Attoli malos* pour *Attoli vela*, et la raison qu'il donne de cette interprétation, c'est que, *cum navigarent, non est dubium quod olli erexerant arbores*. Ascencius s'est rangé à l'opinion de Servius, oubliant ou ignorant qu'à la mer, dans de certaines occasions, on démâtait les navires. Quand l'état de la mer était tel que la mâture...

M. Bergeret en était à cet endroit de son travail quand la jeune Euphémie, ouvrant la porte du cabinet avec ce fracas qui accompagnait ses moindres gestes, vint porter au maître les paroles obligeantes de madame :

— Madame vous demande comment vous voulez manger vos œufs.

M. Bergeret, pour réponse, pria doucement la jeune Euphémie de se retirer, et continua d'écrire :

... pouvait être exposée à quelque rupture, on abaissait les mâts en les enlevant du puits où leur pied était inséré...

La jeune Euphémie resta plantée contre la porte et M. Bergeret termina sa fiche.

Et on les couchait en arrière sur une traverse ou un chevalet.

— Monsieur, madame m'a dit aussi de vous dire que les œufs viennent de chez Trécul.

— *Una omnes fecere pedem.*

Puis il posa sa plume et se sentit rempli d'une tristesse soudaine. Il venait de découvrir tout à coup l'inanité de son ouvrage. Il avait le malheur d'être assez intelligent pour connaître sa médiocrité qui, par moments, se montrait à lui, sur sa table, entre l'encrier et le classeur, comme une petite personne maigre et sans grâce. Il se reconnaissait et ne s'aimait pas. Il aurait voulu contempler sa propre pensée sous l'aspect d'une nymphe aux belles hanches. Elle lui apparaissait en sa forme véritable, qui était grêle et sans vénusté. Il en souffrait, car il avait de la délicatesse et le goût des idées.

— Monsieur Bergeret, se disait-il, vous êtes un professeur de quelque distinction, un provincial intelligent, un universitaire fleuri, un médiocre humaniste, attardé aux curiosités infécondes de la philologie, étranger à la vraie science du langage, qui n'est pénétrée que par des esprits larges, droits et puissants. Monsieur Bergeret, vous n'êtes pas un savant, vous n'êtes capable ni de reconnaître ni de classer les faits du langage. Michel Bréal ne prononcera jamais votre nom méprisé. Vous périrez sans gloire et les louanges des hommes ne caresseront jamais vos oreilles.

— Monsieur... monsieur, fit la jeune Euphémie d'une voix pressante, répondez-moi. Je n'ai pas le temps d'attendre. J'ai mon ouvrage à faire. Madame vous demande comment que vous voulez manger vos œufs. Je les ai pris chez Trécul. Ils sont pondus du jour.

M. Bergeret, sans tourner la tête, répondit avec une douceur impitoyable à la servante :

— Je vous prie de vous retirer et de ne plus entrer désormais dans mon cabinet, à moins d'y être appelée.

Et le maître de conférences à la Faculté des lettres retomba dans sa rêverie :

— Heureux Torquet, notre doyen ! Heureux Leterrier, notre recteur ! Nulle défiance d'eux-mêmes, nul doute indiscret ne trouble leur génie harmonieux. Ils sont semblables au vieillard Mesange, qui fut aimé des déesses immortelles, car il vécut durant trois âges d'hommes et parvint au Collège de France et à l'Institut sans avoir rien appris depuis les saintes années de son enfance innocente, et sachant toujours le grec comme à quinze ans. Il mourut au déclin de ce siècle, agitant encore dans sa petite tête les idées mythologiques mises en vers, autour de son berceau, par les poètes du premier Empire. Mais moi, d'esprit débile comme cet helléniste qui portait le nom et la cervelle d'un oiseau, aussi peu capable que le doyen Torquet et que le recteur Leterrier de méthode et d'invention, moi, triste et vain joueur de mots, d'où vient que je sens cruellement mon insuffisance et l'inanité risible de mes entreprises ? Ne serait-ce point un signe de noblesse intellectuelle et une marque de ma supériorité dans le domaine des idées générales ? Ce *Virgilius nauticus*, sur lequel je me juge et me condamne, est-ce vraiment mon œuvre et le produit de mon esprit ? Non ! c'est une tâche imposée à ma pauvreté par un libraire cupide, associé à des professeurs artificieux, qui, sous prétexte de délivrer la science française de la tutelle allemande, restaurent la manière frivole d'autrefois et m'imposent des amusements philologiques à la mode de 1820 Que la faute en soit sur eux et non sur moi ! L'appât du gain et non le zèle de la science m'a fait entreprendre ce *Virgilius nauticus* auquel je travaille depuis trois ans et qui me sera payé cinq cents francs, savoir : deux cent cinquante francs à la livraison du manuscrit, et deux cent cinquante francs le jour de la mise en vente du tome contenant cet ouvrage. J'ai voulu étancher ma soif abominable de l'or. J'ai failli, non par l'intelligence, mais par le caractère. C'est bien différent !

Ainsi M. Bergeret menait le chœur de ses pensées flottantes. La jeune Euphémie, qui n'avait pas quitté la place, appela le maître pour la troisième fois :

— Monsieur... monsieur...

Mais, à ce coup, sa voix, étranglée par les sanglots, s'arrêta dans sa gorge.

M. Bergeret, tournant enfin sur elle les yeux, vit des larmes couler sur deux joues rondes, rouges et luisantes.

La jeune Euphémie essaya de parler : il ne sortit de sa gorge que des sons rauques comme l'appel que les pâtres de son village tirent de leur cornet à bouquin, le soir. Réunissant sur son visage ses deux bras nus jusqu'au coude, dont la chair blanche et pleine était sillonnée de longues égratignures roses, elle passa sur ses yeux le revers de ses mains brunes. Les sanglots secouaient sa poitrine étroite et son ventre trop gros, à cause du carreau qu'elle avait eu dans sa septième année et dont elle restait déformée. Puis elle rabattit ses deux bras contre son corps, cacha ses mains sous son tablier, étouffa ses soupirs, et, dès que la parole put traverser sa gorge, cria bien âprement :

— Je ne peux plus vivre dans cette maison. Je ne peux plus. Aussi, ce n'est pas une vie. J'aime mieux m'en aller que de voir ce que je vois.

Il y avait autant de colère que de douleur dans sa voix, et elle regardait M. Bergeret avec des yeux irrités.

Et vraiment la conduite de son maître

l'indignait. Ce n'est pas qu'elle eût nourri dans son cœur une longue tendresse pour madame Bergeret qui, naguère encore, dans les jours superbes et prospères, l'accablait d'injures et d'humiliations et la privait de viande. Ce n'est pas qu'elle ignorât la faute de sa maîtresse et qu'elle crût, comme madame Dellion et les dames de la bourgeoisie, que madame Bergeret était innocente. Avec la concierge, la porteuse de pain et la bonne de M. Raynaud, elle connaissait par le menu les amours secrètes de madame Bergeret et de M. Roux. Elle les avait découvertes avant M. Bergeret. Ce n'est pas non plus qu'elle les approuvât. Elle les blâmait sévèrement, au contraire. Qu'une fille, maîtresse de sa personne, eût un amant, elle n'y trouvait pas grand'chose à redire, sachant la manière dont cela se fait. Il s'en était fallu de peu qu'elle en vînt là, certaine nuit, après la fête, au bord d'un fossé où elle était serrée de près par un gars qui voulait rire.

Elle savait qu'un accident est vite arrivé. Mais une pareille conduite la révoltait chez une femme mariée, d'âge respectable et mère de famille. Elle avait confié un matin à la boulangère que madame la dégoûtait. Pour elle, elle n'était pas portée là-dessus, et s'il n'y avait qu'elle au monde pour faire des enfants, le monde, disait-elle, pouvait bien finir. Puisque la bourgeoise était dans d'autres idées, elle n'avait qu'à prendre son mari. Euphémie jugeait que sa maîtresse avait fait un gros vilain péché, mais elle ne concevait pas qu'une faute, même grave, ne fût jamais remise et demeurât sans pardon. Dans son enfance, avant de se louer à des bourgeois, elle avait travaillé avec ses parents à la vigne et aux champs. Elle voyait le soleil brûler la grappe en fleur, la grêle hacher en quelques minutes tout le blé du champ, et elle voyait l'année suivante le père, la mère, les frères aînés façonner la vigne, ensemencer le sillon. Et, à cette vie patiente et naturelle, elle avait appris qu'en ce monde brûlant et glacé, bon et mauvais, il n'y a rien d'irréparable et que, comme on pardonne à la terre, il faut pardonner à l'homme et à la femme.

Ainsi faisaient les gens de chez elle, qui valaient bien, peut-être, les gens du chef-lieu. Quand la femme à Robertet, la grande Léocadie, paya une paire de bretelles à son valet pour l'amener à faire ce qu'elle voulait qu'il lui fît, elle ne fut si fine que Robertet ne s'avisa du manège. Il surprit les galants au bon moment et corrigea sa femme à coups de chambrière si rudement qu'elle perdit à jamais l'envie de recommencer. Et depuis lors Léocadie est une des meilleures femmes de la contrée : son mari n'a pas *ça* à lui reprocher. C'est aussi qu'il faut marcher droit avec M. Robertet qui a de la conduite et sait mener les bêtes et les gens.

Beaucoup battue par son père vénérable,

simple et brutale elle-même, Euphémie comprenait la violence et elle aurait approuvé que M. Bergeret cassât sur le dos de madame Bergeret coupable les deux balais de la maison, dont l'un avait perdu la moitié de ses crins et l'autre, plus ancien, n'en avait pas plus que le creux de la main. Il servait à laver avec un torchon le carreau de la cuisine. Mais que le maître gardât une longue et muette rancune, c'est ce que la jeune paysanne jugeait odieux, contre nature et vraiment diabolique. Et ce qui faisait sentir plus vivement à Euphémie les torts de M. Bergeret, c'est que sa conduite rendait le service difficile et compliqué. Il fallait servir d'une part M. Bergeret qui ne voulait plus prendre ses repas avec madame Bergeret, et, d'une autre part, madame Bergeret dont l'existence, obstinément niée par M. Bergeret, ne se soutenait pas toutefois sans nourriture. « C'est comme à l'auberge, soupirait la jeune Euphémie. » Madame Bergeret, à qui M. Bergeret ne donnait plus d'argent, disait : « Vous réglerez avec monsieur ». Euphémie portait en tremblant, le soir, son livre à monsieur qui, ne pouvant suffire aux dépenses accrues, la renvoyait d'un geste impérieux. Et elle demeurait accablée par des difficultés supérieures à son génie. A vivre dans cet air mauvais, elle perdait sa gaieté : on ne l'entendait plus mêler, dans sa cuisine, ses rires et ses cris au choc des casseroles, au crépitement des fritures répandues sur le fourneau, aux roulements lourds du couteau hachant sur la table épaisse les viandes avec un bout de ses doigts. Elle n'avait plus ni joies, ni douleurs bruyantes. Elle disait : « Je deviens idiote dans cette maison. » Madame Bergeret lui faisait pitié. Cette dame était bonne pour elle maintenant. Elles passaient les soirées assises côte à côte sous la lampe et se faisant des confidences. C'est l'âme pleine de ces sentiments que la jeune Euphémie dit à M. Bergeret :

— Je m'en vas; vous êtes trop méchant aussi. Je veux m'en aller.

Et, de nouveau, elle répandit d'abondantes larmes.

Ce reproche ne fâcha pas M. Bergeret. Il feignit de ne point l'entendre, ayant trop d'esprit pour ne pas excuser les libertés d'une fille ignorante. Et il sourit au dedans de lui-même, car il gardait dans le fond obscur de son âme, sous l'appareil des sages pensées et des belles maximes, l'instinct primitif, qui subsiste chez les hommes modernes de l'esprit le plus civil et le plus doux, et qui les porte à se réjouir quand ils voient qu'on les prend pour des êtres féroces, comme si la capacité de nuire et de détruire était la première force des vivants, leur vertu essentielle et leur bonté supérieure; ce qui, à la réflexion, se trouve véritable, puisque, la vie ne se soutenant et ne s'accroissant que dans le meurtre, les meilleurs sont ceux qui font le plus de carnages, et puisque ceux qui, par instigation de race et de nourriture, donnent les plus grands coups, sont nommés généreux et plaisent aux femmes, naturellement intéressées à choisir les plus forts et incapables de séparer dans leur esprit la force fécondante de la force destructive, qui sont, en effet, indissolublement unies dans la nature. Aussi, par l'effet de son intelligence méditative, quand la jeune Euphémie, de sa voix rustique comme une fable d'Ésope, lui dit qu'il était méchant. M. Bergeret crut entendre un murmure flatteur qui, prolongeant le simple discours de la servante, disait : « Apprends, Lucien Bergeret, que tu es méchant, au sens vulgaire du mot, c'est-à-dire capable de nuire et de détruire, en pleine possession de la vie, en état de défense, en voie de conquêtes. Sache que tu es, à ta manière, un géant, un monstre, un ogre, un homme terrible. »

Mais, comme il était enclin à douter et à

ne point accepter sans examen les opinions des hommes, il s'examina lui-même pour savoir s'il était vraiment ce que disait Euphémie. Sur les premières vues qu'il jeta au dedans de lui-même, il constata que généralement il n'était pas méchant, qu'il était pitoyable, au contraire, sensible aux maux d'autrui, en sympathie avec les malheureux, qu'il aimait ses semblables, qu'il eût voulu satisfaire à tous leurs besoins, combler leurs désirs permis ou coupables, car il n'enfermait pas la charité du genre humain dans les limites d'un système moral et il avait souci de toutes les misères. Il tenait pour innocent tout ce qui ne fait de mal à personne. Aussi avait-il dans l'âme plus de douceur que n'en permettent les lois, les mœurs et les croyances diverses des peuples. Donc, s'étant regardé, il vit qu'il n'était pas méchant et il en eut quelque confusion. Il lui en coûtait de se reconnaître ces méprisables qualités de l'intelligence dont la vie n'est point fortifiée.

Avec une excellente méthode, il chercha ensuite s'il n'était pas sorti de son caractère bienveillant et de son génie pacifique en quelque circonstance et précisément à l'endroit de madame Bergeret. Et il reconnut bientôt qu'en cette occasion particulière il avait agi contrairement à ses maximes générales et à ses sentiments habituels, que sa conduite présentait sur ce point des singularités remarquables dont il nota les plus étranges.

— Principales singularités : je feins de la croire criminelle et j'agis comme si j'avais effectivement cette croyance vulgaire. Tandis que, dans sa conscience, elle se croit coupable pour avoir forniqué avec M. Roux, mon élève, je tiens sa fornication pour innocente, comme n'ayant fait de mal à personne. Madame Bergeret est plus morale que moi. Mais se croyant coupable, elle se pardonne. Et moi qui ne la crois pas coupable, je ne lui pardonne pas. Ma pensée à son égard est immorale et douce. Ma conduite à son égard est morale et cruelle. Ce que je condamne sans pitié, ce n'est pas son action, qui n'est que ridicule et incongrue, à mon sens; c'est elle-même, coupable, non d'avoir fait ce qu'elle a fait, mais d'être ce qu'elle est. La jeune Euphémie a raison : Je suis méchant !

Il s'approuva et, roulant de nouvelles pensées, se dit encore :

— Je suis méchant parce que j'agis. Je n'avais pas besoin de cette expérience pour savoir qu'il n'y a pas d'action innocente, et qu'agir, c'est nuire ou détruire. Dès que j'ai commencé d'agir, je suis devenu malfaisant.

Ce n'est pas sans raison qu'il se parlait de la sorte à lui-même, car il accomplissait une action systématique, continue et suivie, qui était de rendre à madame Bergeret la vie insupportable, en retranchant à cette dame tous les biens indispensables à son humanité grossière, à son génie domestique, à son âme sociable, et finalement d'extirper de la maison l'épouse importune et désobligeante qui lui avait donné l'inestimable avantage d'être trahi.

Il usait de cet avantage. Il accomplissait son œuvre avec une énergie merveilleuse dans un caractère faible. Car M. Bergeret était pour l'ordinaire incertain et sans volonté. Mais en cette occasion un invincible Éros, un désir le poussait. Ce sont les désirs, plus forts que les volontés, qui, après avoir créé le monde, le soutiennent. M. Bergeret était conduit dans son entreprise par l'ineffable désir, par l'Éros de ne plus voir madame Bergeret. Et ce pur, ce clair désir, que ne troublait aucune haine, avait la violence heureuse de l'amour.

Cependant la jeune Euphémie attendait que le maître répondît et lui adressât, du moins, des paroles irritées. Semblable sur ce point à madame Bergeret, sa maîtresse, le silence lui était plus cruel que l'invective et l'injure.

Enfin M. Bergeret parla. Il dit d'une voix tranquille :

— Je vous congédie. Vous sortirez de cette maison dans huit jours.

La jeune Euphémie ne répondit que par un cri bestial et touchant. Elle resta durant une minute sans mouvement. Puis elle regagna, stupide, désolée et douloureuse, sa cuisine, revit les casseroles bossuées, comme des armures aux batailles, entre ses mains vaillantes ; la chaise dont le siège était dépaillé sans inconvénient, car la pauvre fille ne s'y asseyait guère ; la fontaine dont l'eau, maintes fois, s'échappant la nuit, par le robinet laissé grand ouvert, inondait la maison ; l'évier, au tuyau perpétuellement engorgé ; la table entaillée par le hachoir ; le fourneau de fonte, tout mâché par la flamme; le trou noir du charbon; les tablettes garnies de dentelle de papier; la boîte de cirage, la bouteille d'eau de cuivre. Et, parmi ces monuments de sa dure vie, elle pleura.

L'en demain, comme on disait jadis, l'en demain, qui était jour de marché, M. Bergeret se rendit de bon matin chez Deniseau, qui tenait sur la place Saint-Exupère un bureau de placement pour ouvriers agricoles. Il trouva dans la salle basse une vingtaine de filles rustiques, tant jeunes que vieilles, les unes courtes, rougeaudes et joufflues; les autres longues, sèches, jaunes, diverses de taille et de visage, mais semblables toutes par l'anxieuse fixité du regard, car toutes voyaient dans chaque visiteur qui ouvrait la porte leur propre destin. M. Bergeret considéra un moment cet assortiment de filles à louer. Puis il passa dans le bureau décoré de calendriers, où Deniseau lui-même se tenait devant une table couverte de registres crasseux et de vieux fers à cheval qui servaient de presse-papier.

Il demanda une servante au buraliste, et sans doute il la voulait pourvue de qualités rares, car, après dix minutes d'entretien, il sortit découragé. Mais, en traversant de nouveau la salle commune, il avisa, dans un coin sombre, une créature qu'il n'avait pas vue la première fois. C'était une longue forme étroite, sans âge ni sexe, surmontée d'une tête osseuse et chauve, avec un front posé comme une sphère énorme sur un nez court tout en narines. La bouche ouverte laissait voir nues des dents de cheval et sous la lèvre pendante il n'y avait point de menton. Elle demeurait dans son coin, immobile et sans regards, sachant peut-être qu'elle ne trouverait pas à se louer de si tôt et qu'on prendrait les autres de préférence à elle, satisfaite pourtant d'elle-même et tranquille. Elle était vêtue comme les femmes du bas pays où règnent les fièvres.

Et il y avait des brins de paille sur sa capeline tricotée.

M. Bergeret la contempla longtemps avec une sombre admiration. Enfin, la désignant à Deniseau :

— Celle-ci, dit-il, me convient.

— Marie? demanda le buraliste, surpris.

— Elle-même, répondit M. Bergeret.

XVII

M. Mazure, archiviste, qui avait enfin reçu les palmes académiques, regardait le gouvernement avec une indulgente douceur. Comme il lui était nécessaire de s'irriter, il tournait désormais sa colère contre les cléricaux, et dénonçait la conspiration des évêques. Ayant rencontré, un matin, M. Bergeret sur la place Saint-Exupère, il l'avertit du péril clérical.

— N'ayant pu, dit-il, renverser la République, les curés veulent s'en emparer.

— C'est l'ambition de tous les partis,

répondit M. Bergeret, et l'effet naturel de nos institutions démocratiques, car la démocratie consiste précisément dans la lutte des partis, puisque le peuple est lui-même divisé de sentiments et d'intérêts.

— Mais, reprit M. Mazure, ce qui n'est pas tolérable, c'est que les cléricaux prennent le masque de la liberté pour tromper les électeurs.

A quoi M. Bergeret répliqua :

— Tous les partis qui se trouvent exclus du gouvernement réclament la liberté parce qu'elle fortifie l'opposition et affaiblit le pouvoir. Pour cette même raison, le parti qui gouverne retranche autant qu'il peut sur la liberté. Et il fait, au nom du peuple souverain, les lois les plus tyranniques. Car il n'y a point de charte qui garantisse la liberté contre les entreprises de la souveraineté nationale. Le despotisme démocratique n'a point de bornes en théorie. Dans le fait et à ne considérer que le temps présent, je reconnais qu'il est médiocre. On nous a donné « les lois scélérates ». Mais on ne les applique pas.

— Monsieur Bergeret, dit l'archiviste, voulez-vous écouter un bon conseil ? Vous êtes républicain : ne tirez pas sur vos amis. Si nous n'y prenons garde, nous retomberons sous le gouvernement des curés. La réaction fait des progrès effrayants. Les blancs sont toujours les blancs ; les bleus sont toujours les bleus, comme disait Napoléon. Vous êtes un bleu, monsieur Bergeret. Le parti clérical ne vous pardonne pas d'avoir appelé Jeanne d'Arc une mascotte (Moi-même j'ai grand'-peine à vous en excuser, car Jeanne d'Arc et Danton sont mes deux idoles). Vous êtes libre-penseur. Défendez avec nous la société civile ! Unissons-nous ! La concentration nous donnera seule la force de vaincre. Il y a un intérêt supérieur à combattre le cléricalisme.

— Je vois surtout à cela un intérêt de parti, répondit M. Bergeret. Et, s'il me fallait mettre d'un parti, c'est dans le vôtre forcément que je me rangerais, puisque c'est le seul que je pourrais servir sans trop d'hypocrisie. Mais, par bonheur, je n'en suis pas réduit à cette extrémité, et ne suis nullement tenté de me rogner l'esprit pour entrer dans un compartiment politique. A vrai dire, je demeure indifférent à vos disputes, parce que j'en sens l'inanité. Ce qui vous distingue des cléricaux est assez peu de chose au fond. Ils vous succéderaient au pouvoir que la condition des personnes n'en serait pas changée. Et c'est la condition des personnes qui seule importe dans l'État. Les opinions ne sont que des jeux de mots. Vous n'êtes séparés des cléricaux que par des opinions. Vous n'avez pas une morale à opposer à leur morale, pour cette raison qu'il ne coexiste point en France d'un côté une morale religieuse et de l'autre côté une morale civile. Ceux qui voient les choses de la sorte sont trompés par les apparences. Je vais vous le faire entendre en peu de mots.

» Il y a, dans chaque temps, des habitudes de vie qui déterminent une manière de penser commune à tous les hommes. Nos idées morales ne sont pas le produit de la réflexion, mais la suite de l'usage. Comme à l'adoption de ces idées sont attachées des notes d'honneur et à leur répudiation des notes d'infamie, personne n'ose les remuer ouvertement. Elles sont admises sans examen par la communauté tout entière, indépendamment des croyances religieuses et des opinions philosophiques, et elles ne sont pas plus fortement soutenues par ceux qui s'astreignent à les mettre en pratique que par ceux qui n'y conforment pas leurs actes. L'origine de ces idées est seule en discussion. Tandis que les esprits qui se disent libres croient retrouver dans la nature les règles de leur conduite, les âmes pieuses tirent de la religion les règles de la leur, et ces règles se trouvent être les mêmes, à peu de chose près, non parce qu'elles sont universelles, à la fois divines et naturelles, comme on se plaît à le dire, mais, au contraire, parce qu'elles sont propres au temps et au lieu, tirées des mêmes habitudes, déduites des mêmes préjugés. Chaque époque a sa morale dominante, qui ne résulte ni de la religion ni de la philosophie, mais de l'habitude, seule force capable de réunir les hommes dans un même sentiment, car tout ce qui est sujet au raisonnement les divise ; et l'humanité ne subsiste qu'à la condition de ne point réfléchir sur ce qui est essentiel à son existence. La morale domine les croyances, qui sont sujettes à dispute, tandis qu'elle n'est jamais examinée.

» Et précisément parce que la morale est la somme des préjugés de la communauté, il ne saurait exister deux morales rivales en un même temps et dans un même lieu. Je pourrais illustrer cette vérité d'un grand nombre d'exemples. Mais il n'en est pas de plus significatif que celui de l'empereur Julien dont j'ai naguère quelque peu pratiqué les ouvrages. Julien, qui, d'un cœur si ferme et d'une si grande âme, combattit pour ses dieux, Julien, l'adorateur du soleil, professait toutes les idées morales des chrétiens. Comme eux, il méprisait les plaisirs de la chair, vantait l'efficacité du jeûne qui met l'homme en communication avec la divinité. Comme eux, il soutenait la doctrine de l'expiation, croyait en la souffrance qui purifie, se faisait initier à des mystères qui répondaient, aussi bien que ceux des chrétiens, à un vif désir de pureté, de renoncement et d'amour divin. Enfin son néo-paganisme ressemblait moralement comme un frère au jeune christianisme. Quoi de surprenant à cela? Les deux cultes étaient deux enfants jumeaux de Rome et de l'Orient. Ils répondaient tous deux aux mêmes habitudes humaines, aux mêmes instincts profonds du monde asiatique et latin. Leurs âmes étaient pareilles. Mais par le nom et le langage ils se distinguaient l'un de l'autre. Cette différence suffit à les rendre mortellement ennemis. Les hommes le plus souvent se querellent pour des mots. C'est pour des mots qu'ils tuent et se font tuer le plus volontiers. Les historiens se demandent avec anxiété ce qu'il serait advenu de la civilisation si, remportant une victoire méritée par sa constance et sa modération, l'empereur philosophe avait vaincu le Galiléen. Ce n'est pas un jeu facile que de refaire l'histoire. Toutefois il apparaît assez clairement que, dans ce cas, le polythéisme, qui déjà au temps de Julien était ramené à une sorte de monothéisme, aurait subi par la suite les habitudes nouvelles des âmes et pris assez exactement cette même figure morale qu'on voit au christianisme. Regardez les grands révolutionnaires et dites s'il en est un seul qui se montra quelque peu original en morale. Robespierre eut toujours sur la vertu les idées des prêtres d'Arras qui l'avaient instruit.

» Vous êtes libre-penseur, monsieur Mazure, et vous pensez que l'homme doit rechercher sur cette planète la plus grande somme de bonheur. M. de Terremondre, qui est catholique, professe que nous sommes ici-bas, dans un lieu d'expiation, pour acquérir, par la souffrance, la vie éternelle ; et, malgré la contradiction de vos principes, vous avez l'un et l'autre à peu près la même morale, parce que la morale est indépendante des principes.

— Vous vous moquez du monde, dit M. Mazure, et vous me donnez envie de jurer comme un marchand de fourneaux. Les idées religieuses, quand le diable y serait, entrent pour une quantité qui n'est pas négligeable dans la formation des idées morales. Je puis donc dire qu'il y a une morale chrétienne et que je la réprouve.

— Mais, cher monsieur, répondit doucement le maître de conférences, il y a autant de morales chrétiennes que le christianisme a traversé d'âges et pénétré de contrées. Les religions, comme des caméléons, se colorent des teintes du sol qu'elles parcourent. La morale, unique pour chaque génération, dont elle fait seule l'unité, change sans cesse avec les usages et les coutumes dont elle est la représentation frappante et comme le reflet agrandi sur le mur. En sorte que la morale de ces catholiques actuels qui vous offusquent, ressemble beaucoup à la vôtre et diffère au contraire excessivement de celle d'un catholique du temps de la Ligue. Je ne parle pas des chrétiens des âges apostoliques, qui, vus de près par M. de Terremondre, lui sembleraient des êtres bien extraordinaires. Soyez juste et judicieux, s'il est possible : En quoi votre morale de libre-penseur diffère-t-elle essentiellement, je vous prie, de la morale de ces bonnes gens d'aujourd'hui qui vont à la messe ? Ils professent la doctrine de l'expiation, fondement de leur croyance, mais ils s'indignent aussi fort que vous quand cette doctrine leur est présentée d'une manière frappante par leurs propres prêtres. Ils croient que la souffrance est bonne et qu'elle plaît à Dieu. Les voyez-vous s'asseoir sur des clous ? Vous avez proclamé la liberté des cultes. Ils épousent des juives et ne font pas brûler leur beau-père. Quelles idées avez-vous qu'ils n'aient pas sur l'union des sexes, sur la famille, sur le mariage, à cela près que vous permettez le divorce sans toutefois le recommander ? Ils croient qu'on se damne à désirer une femme. Les leurs sont-elles moins décolletées que les vôtres dans les dîners et les soirées ? Ont-elles des robes qui font moins voir comment elles sont faites ? Et leur souvient-il de ce que Tertullien a dit de l'habit des veuves ? Sont-elles voilées et cachent-elles leur chevelure ?

Ne vous arrangez-vous point de leurs façons ? Demandez-vous qu'elles aillent nues parce que vous ne croyez pas qu'Ève se couvrit d'une branche de figuier sous la malédiction d'Iaveh ? Quelles idées opposez-vous à leurs idées sur la patrie, qu'ils vous exhortent à servir et à défendre, tout comme si la leur n'était pas dans le ciel ? sur l'obligation du service militaire à laquelle ils se soumettent, à la réserve d'un seul point de discipline ecclésiastique, qu'en fait ils abandonnent ? sur la guerre qu'ils iront faire à vos côtés, dès que vous voudrez, bien que leur Dieu leur ait dit : « Tu ne tueras point ». Êtes-vous libertaire et internationaliste, pour vous séparer d'eux en ces endroits importants de la vie ? Q'apportez-vous qui vous soit propre ? Il n'y a pas jusqu'au duel qui, pour son élégance, ne soit dans leurs mœurs et dans les vôtres, bien qu'il ne soit ni dans leurs principes, puisque leurs prêtres et leurs rois l'ont interdit, ni dans vos principes, car il suppose l'incroyable intervention de Dieu. N'avez-vous point la même morale relativement à l'organisation du travail, à la propriété privée, au capital, à toute l'économie de la société actuelle dont vous supportez les uns et les autres avec une égale patience les injustices, quand vous n'en souffrez point? Il faudrait que vous fussiez socialiste pour qu'il en allât autrement. Et quand vous le serez, sans doute ils le seront aussi. Les inégalités qui subsistent de l'ancien régime, vous les tolérez chaque fois qu'elles sont en votre faveur. Et vos adversaires de façade et d'apparence acceptent de leur côté les effets de la Révolution s'il s'agit de recueillir une fortune provenant de quelque vieil acquéreur de biens nationaux. Ils sont concordataires; vous l'êtes aussi, et la religion même vous unit.

» Leur foi détermine si peu leurs sentiments qu'ils sont aussi attachés que vous à cette vie qu'ils devraient mépriser et à leurs biens qui font obstacle à leur salut. Ayant à peu près vos mœurs, ils ont à peu près votre morale. Vous les chicanez sur des points qui n'intéressent que les politiciens et qui ne touchent point la société, justement indifférente entre eux et vous. Fidèles aux mêmes traditions, soumis aux mêmes préjugés, plongés dans les mêmes ténèbres, vous vous entre-dévorez comme des crabes dans un panier. Quand on voit vos combats de rats et de grenouilles, on n'a pas le zèle des laïcisations.

XVIII

Marie entra dans la maison comme la mort. Madame Bergeret connut à sa vue que les temps étaient révolus.

La jeune Euphémie, qui avait pour ses maîtres et pour la maison de ses maîtres une amitié profonde, ignorée d'elle-même et sûre, ne dépendant point de la raison, un attachement de chien, demeura longtemps assise sur sa chaise dépaillée, immobile et muette, la joue écarlate. Elle ne pleurait pas, mais des boutons de fièvre lui venaient aux lèvres. Elle fit à madame ses adieux avec la gravité d'une âme rustique et religieuse. Durant les cinq années de son service, elle avait subi les violences injurieuses et la dure avarice de madame, qui la nourrissait chichement ; elle avait eu, de son côté, des éclats d'insolence et de révolte, et elle avait médit de madame parmi les servantes. Mais elle était chrétienne et, dans le fond de son cœur, elle honorait ses maîtres comme ses père et mère. Elle dit tout enrhumée de douleur :

— Adieu, madame. Je prierai bien le bon Dieu pour vous, qu'il vous donne le bonheur. J'aurais bien voulu dire adieu à vos demoiselles.

Madame Bergeret sentait qu'avec cette pauvre fille elle était elle-même chassée de la maison. Mais elle crut qu'il était de sa dignité de ne laisser paraître aucune émotion.

— Allez, ma fille, dit-elle, allez régler votre compte avec monsieur.

M. Bergeret lui ayant remis son gage,

elle compta longuement la somme, et recommença trois fois ses calculs en remuant les lèvres comme dans ses prières. Elle vérifia les pièces avec l'inquiétude de ne pas se reconnaître parmi tant d'effigies diverses ; elle mit ce petit bien, le seul qu'elle eût au monde, dans la poche de sa jupe, sous son mouchoir. Et elle enfonça sa main dans la poche.

Ces soins étant pris, elle dit :

— Monsieur, vous avez toujours été bon pour moi. Je vous souhaite bien du bonheur. Mais, pas moins vrai, vous m'avez chassée.

— Vous me croyez méchant, répondit M. Bergeret. Pourtant, si je me sépare de vous, ma bonne Euphémie, c'est à regret et parce qu'il le fallait. Si je puis vous aider en quelque chose, je le ferai bien volontiers.

Euphémie se passa le revers de la main sur les yeux, renifla et dit avec douceur, en répandant de grosses larmes :

— Personne n'est méchant ici.

Elle se retira et ferma la porte sur elle en faisant le moins de bruit possible. Et M. Bergeret la vit en imagination chez l'agent Deniseau, au fond de la salle, en coiffe blanche, son parapluie de coton bleu entre les genoux, le regard anxieux, tourné vers la porte, dans la morne troupe des filles à louer.

Cependant Marie, fille d'étable, qui n'avait jamais soigné que des bêtes, étonnée et stupide chez ces bourgeois, éprouvant la terreur qu'elle inspirait, restait tapie dans sa cuisine et contemplait les casseroles. Elle ne savait faire que la soupe au lard et n'entendait que le patois. Elle n'avait pas même de bons certificats. Il apparaissait qu'elle se livrait aux bergers et buvait de l'eau-de-vie et même de l'esprit-de-vin.

Le premier visiteur à qui elle ouvrit la porte fut le commandeur Aspertini qui, de passage dans la ville, venait donner le bonjour à son ami M. Bergeret. Elle fit sans doute une forte impression sur l'esprit du savant italien, car celui-ci, tout de suite après les compliments, parla d'elle avec cet intérêt qu'inspire la laideur, quand elle est grande et terrible.

— Votre servante, monsieur Bergeret, dit-il, me rappelle cette figure expressive que Giotto a peinte sur une voûte de l'église d'Assise, lorsque, s'inspirant d'un tercet de Dante, il a représenté Celle à qui personne n'ouvre la porte en souriant.

» A ce propos, ajouta l'Italien, avez-vous vu le portrait en mosaïque de Virgile que vos compatriotes viennent de découvrir à Sousse en Algérie? C'est un Romain au front large et bas, à la tête carrée, à la forte mâchoire, qui ne ressemble pas au bel adolescent qu'on nous montrait naguère. Le buste qui passa longtemps pour un portrait du poète est en réalité une réplique romaine d'un original grec du quatrième siècle, représentant un jeune dieu, adoré dans les mystères d'Eleusis. Je crois avoir le premier défini le vrai caractère de cette figure, dans mon mémoire sur l'Enfant Triptolème. Mais avez-vous connaissance du Virgile en mosaïque, monsieur Bergeret?

— Autant qu'on en peut juger par la photographie que j'ai vue, répondit M. Bergeret, cette mosaïque africaine semble la copie d'un portrait qui ne manquait pas d'accent. Ce portrait paraît bien représenter Virgile, et il n'est pas impossible que ce soit un portrait ressemblant. Vos humanistes de la Renaissance, monsieur Aspertini, se représentaient l'auteur de *l'Énéide* sous les traits d'un sage. Les vieilles éditions vénitiennes de Dante, que j'ai feuilletées dans notre bibliothèque, sont pleines de gravures sur bois où l'on voit Virgile portant la barbe philosophique. Depuis, on l'a vu beau comme un jeune dieu. Maintenant, voici qu'il a la mâchoire carrée et qu'il porte les cheveux en frange sur le front, à la mode romaine.

L'idée produite par son œuvre sur les esprits des hommes n'a pas moins varié. Toutes les époques littéraires s'en firent des représentations qui ne se ressemblent point entre elles. Et, sans rappeler les contes du moyen âge sur Virgile sorcier, il est certain que le Mantouan est admiré pour des raisons qui changent avec les temps. Macrobe reconnaissait en ce poète la sibylle de l'Empire. Dante et Pétrarque prisaient sa philosophie. Chateaubriand et Victor Hugo découvraient en lui un précurseur du christianisme. Pour mon compte, n'étant qu'un joueur de mots, je ne trouve dans ses œuvres que des amusements philologiques. Vous, monsieur Aspertini, vous lui reconnaissez une vaste connaissance des antiquités romaines, et c'est peut-être le mérite le plus solide de *l'Énéide*. Nous accrochons nos idées à la lettre des vieux textes. Chaque génération imagine à nouveau les chefs-d'œuvre antiques et leur communique de la sorte une immortalité mouvante. Mon collègue Paul Stapfer a dit à ce sujet de bonnes choses.

— Des choses très considérables, répliqua le commandeur Aspertini. Mais il n'a pas, sur l'écoulement des opinions humaines, un sentiment si désespéré que le vôtre.

Ainsi ces deux hommes excellents agitaient entre eux ces images de gloire et de beauté qui ornent la vie.

— Qu'est devenu, je vous prie, demanda le commandeur Aspertini, ce soldat latiniste que j'ai rencontré chez vous, cet aimable M. Roux qui semblait estimer à son prix la gloire militaire ? Car il dédaignait d'être caporal.

M. Bergeret répondit en termes concis que M. Roux avait réintégré son corps.

— Lors de mon dernier passage en cette ville, reprit le commandeur Aspertini, le deux janvier, si je ne me trompe, je surpris ce jeune savant dans la cour de la bibliothèque, sous le tilleul, conversant avec la jeune concierge, qui avait l'oreille rouge. Vous n'ignorez pas que c'est signe qu'elle l'écoutait dans un trouble favorable. Il n'y avait rien de joli comme cette fine conque vermeille attachée au-dessus d'un cou blanc. Je feignis de ne les pas voir, par discrétion et pour ne pas faire le personnage de ce philosophe pythagoricien qui, dans Métaponte, troublait les amoureux. Cette jeune fille est fort agréable, avec ses cheveux rouges, pareils à des flammes, et sa peau délicate, marquée de légères taches de rousseur, si blanche, et qui semble éclairée du dedans. L'avez-vous remarquée, monsieur Bergeret?

M. Bergeret, qui l'avait beaucoup remarquée et qui la trouvait fort à son gré, répondit par un signe de tête. Il était trop honnête homme, respectait trop son état et gardait trop de discrétion pour avoir jamais pris aucune liberté avec la jeune portière de la bibliothèque. Mais la délicate couleur, la forme mince et souple, la vénusté gracile de cette fille avaient plus d'une fois, dans les longues séances, flotté sous ses yeux devant les feuillets jaunes de Servius ou de Domat. Elle se nommait Mathilde et passait pour aimer les jolis garçons. M. Bergeret était d'ordinaire plein d'indulgence pour les amoureux. Mais l'idée que M. Roux plaisait à Mathilde lui fut désagréable.

— C'était le soir, après la séance, poursuivit le commandeur Aspertini. J'avais copié trois lettres inédites de Muratori, qui ne figurent point au catalogue. En traversant la cour où sont rangés les débris des monuments antiques de votre ville, je vis, sous le tilleul, près du puits, non loin de la stèle des Bateliers gallo-romains, la jeune concierge aux cheveux d'or qui, les yeux baissés, écoutait, en balançant ses grosses clefs au bout de ses doigts, les propos de M. Roux, votre élève. Ce qu'il disait n'était pas bien différent sans doute de ce que disait à la chevrière le bouvier de l'Oaristys. Et l'effet de ce discours n'est guère douteux. Je crus comprendre qu'il lui donnait un rendez-vous. Grâce sans doute à l'habitude que j'ai acquise d'interpréter les monuments de l'art antique, j'ai pénétré tout de suite le sens de ce groupe.

Il sourit et dit encore :

— Monsieur Bergeret, je ne sens pas, dans leur finesse, toutes les nuances de votre belle langue française. Mais les mots de fille ou de jeune fille ne me contentent pas pour désigner une enfant telle que cette concierge de votre bibliothèque municipale. On ne peut employer celui de pucelle qui a vieilli et mal vieilli. Et, je le dis en passant, c'est dommage. Il serait disgracieux de l'appeler une jeune personne; je ne vois que le nom de nymphe qui lui convienne. Mais, je vous prie, monsieur Bergeret, ne répétez pas ce que je vous ai dit sur la nymphe de la bibliothèque, de peur de lui nuire. Il ne faut point que ces secrets soient connus du maire ni des bibliothécaires. Je serais désolé si je causais, même involontairement, la moindre peine à votre nymphe.

— Il est vrai qu'elle est jolie, ma nymphe, pensa M. Bergeret.

Il était d'humeur chagrine, et ne savait plus bien en cette minute s'il ne reprochait pas plus âprement à M. Roux d'avoir plu à la concierge de la bibliothèque que d'avoir séduit madame Bergeret.

— Votre nation, dit le commandeur Aspertini, est parvenue à la plus haute culture intellectuelle et morale. Mais il lui reste, de la longue barbarie où elle a été plongée, une sorte d'indécision et de gaucherie à considérer les choses de l'amour. En Italie, l'amour est tout pour les amants et ce n'est rien pour le monde. La société ne se croit pas intéressée dans cette affaire qui n'est une affaire que pour ceux qui la font. Un sentiment juste de la passion et de la volupté nous préserve d'être hypocrites et cruels.

Le commandeur Aspertini entretint longtemps encore son ami français de divers sujets de morale, d'art et de politique, puis il se leva pour prendre congé. Il revit Marie dans l'antichambre et dit à M. Bergeret :

— Ne prenez point en mauvaise part, je vous prie, ce que je vous ai dit de votre cuisinière. Pétrarque avait aussi une servante d'une laideur rare et singulière.

XIX

Depuis qu'il avait enlevé à madame Bergeret déchue le gouvernement de la maison, M. Bergeret commandait seul et mal. Il est vrai que la servante Marie n'exécutait pas ses ordres, puisqu'elle ne les comprenait pas. Mais comme il est nécessaire d'agir, et que c'est la condition essentielle de la vie, Marie agissait, et son génie naturel lui inspirait sans cesse des déterminations fâcheuses et des actes nuisibles. Parfois ce génie s'éteignait dans l'ivresse. Un jour, ayant bu tout l'esprit-de-vin de la lampe, elle demeura quarante heures étendue inerte sur le carreau de la cuisine. Ses réveils étaient terribles. Chacun de ses mouvements causait des catastrophes. Ce que nulle autre n'eût pu faire, elle fendit, en y posant un bougeoir, le marbre de la cheminée. Elle cuisinait les viandes à la poêle, dans un bruit déchirant, avec des odeurs empoisonnées; et rien de ce qu'elle servait n'était mangeable.

Madame Bergeret, seule dans la chambre conjugale, criait de rage et pleurait de douleur sur les ruines de sa maison. Son malheur prenait des formes inattendues et bizarres qui étonnaient son âme régulière. Et ce malheur allait grandissant. Elle ne recevait plus la moindre somme d'argent de M. Bergeret, qui naguère encore lui remettait chaque mois ses appointements intacts, sans songer seulement à en retrancher le prix de ses cigarettes; et comme elle avait fait de grandes dépenses de toilette au temps voluptueux où elle plaisait à M. Roux et des dépenses plus grandes encore dans la période tourmentée pendant laquelle elle soutenait sa considération par des visites assidues à toute la société, elle commençait à recevoir de la modiste et de la couturière des réclamations pressantes; et la maison de confections Achard, qui ne la traitait pas comme une cliente habituelle, lui lançait du papier timbré, dont la vue, le soir, consternait la fille des Pouilly. Considérant que ces revers inouïs étaient la suite inattendue, mais certaine, de sa faute, elle concevait la gravité de l'adultère, et se rappelait, à sa confusion, tout ce que dans sa jeunesse on lui avait enseigné sur ce crime incomparable ou plutôt unique, car la honte y est attachée, qu'on ne s'attire ni par l'envie, ni par l'avarice et la cruauté.

Debout sur la carpette, avant de se mettre au lit, elle entr'ouvrait sa chemise de nuit et, le menton enfoncé dans le cou, elle regardait un moment les formes épanouies de sa poitrine et de son ventre dont les raccourcis figuraient à ses yeux, sous la batiste, un amas de coussins et d'oreillers d'un blanc chaud, doré par la lueur de la lampe. Et, sans décider si ces formes étaient vraiment belles, car elle n'avait point l'entente du nu et ne comprenait que la beauté couturière, sans trouver sujet à se glorifier ou à s'humilier dans sa chair, sans rechercher sur elle-même le souvenir des voluptés passées, elle commençait à ressentir de l'inquiétude et du trouble à contempler ce corps dont les mouvements secrets avaient produit de si grandes conséquences domestiques et sociales.

Elle reconnaissait qu'un acte naturellement petit eût une grandeur idéale, car elle était un être moral et religieux et assez métaphysique pour admettre la valeur absolue des points aux jeux de cartes. Elle n'avait pas de remords, parce qu'elle n'avait pas d'imagination, qu'elle se faisait de Dieu une idée raisonnable et qu'elle se jugeait déjà assez punie. Mais ne voyant point d'objection d'ailleurs à mettre l'honneur d'une femme à l'endroit où on le place communément, ne méditant pas cette entreprise monstrueuse de renverser la morale universelle pour se faire à soi-même une scandaleuse innocence, elle ne vivait point satisfaite et tranquille, et elle ne goûtait pas, au milieu des tribulations, la paix intérieure.

Ces tribulations l'inquiétaient par le mystère de leur durée indéfinie. Elles se dévidaient comme le peloton de fil rouge enfermé dans une boîte de buis sur le comptoir de madame Magloire, la pâtissière de la place Saint-Exupère. Madame Magloire tirait le fil, qui passait par un trou du couvercle, et ficelait d'innombrables petits paquets. Madame Bergeret ne savait point quand elle verrait le bout de ses misères ; sa tristesse et ses regrets lui donnaient quelque beauté intérieure.

Le matin, elle regardait la photographie agrandie de son père qu'elle avait perdu l'année de son mariage, et, devant ce portrait, elle pleurait, songeant aux jours de son enfance, au petit bonnet blanc de sa première communion, à ses promenades du dimanche, quand elle allait boire du lait à la Tuilerie avec ses cousines les deux demoiselles Pouilly du Dictionnaire, à sa mère, non point morte, mais vieille au bout de la France, dans sa petite ville natale du Nord. Le père de madame Bergeret, Victor Pouilly, proviseur, auteur d'une édition estimée de la grammaire de Lhomond, avait eu, dans ce monde, une haute idée de sa dignité sociale et de sa valeur intellectuelle. Opprimé et protégé par son frère aîné, le grand Pouilly du Dictionnaire, soumis aux autorités universitaires, il reprenait avantage sur le reste du monde, et s'enorgueillissait de son nom, de sa grammaire et de la goutte, qu'il avait forte. Son attitude exprimait la dignité d'un Pouilly. Et son portrait semblait dire à sa fille : « Mon enfant, j'ignore, je veux ignorer tout ce qui dans ta conduite peut n'être pas suffisamment régulier. Sache que tous tes maux viennent d'avoir épousé un homme inférieur à toi. Je me flattai vainement de l'élever jusqu'à nous. Ce Bergeret est un homme sans éducation. Ta faute capitale, source de tes misères présentes, est ton mariage, ma fille. » Et madame Bergeret entendait ce discours. La sagesse et la bonté paternelles, dont il était empreint, soutenaient un peu son courage défaillant. Pourtant elle cédait insensiblement aux destins. Elle cessait ses visites accusatrices dans le monde, dont elle avait lassé la curiosité par la monotonie de ses plaintes. On commençait à croire, même chez le recteur, que les récits qu'on faisait d'elle et de M. Roux, dans la ville, n'étaient pas que des fables. Elle ennuyait, elle était compromise ; on le lui laissait voir. Elle n'avait gardé de sympathies que chez madame Dellion, pour qui elle était la représentation allégorique de la vertu malheureuse. Mais madame Dellion, étant d'une société supérieure, la plaignait, l'estimait, l'admirait et ne la recevait pas. Madame Bergeret demeurait abattue et seule, sans mari, sans enfants, sans foyer, sans argent.

Une fois encore, elle tenta de rentrer dans ses droits domestiques. Ce fut le lendemain d'un jour plus misérable et douloureux que les autres. Après avoir essuyé les réclamations injurieuses de mademoiselle Rose la modiste et du boucher Lafolie, après avoir surpris Marie la servante volant trois francs soixante-quinze laissés par la blanchisseuse sur le buffet de la salle à manger, madame Bergeret se coucha pleine de tristesse et d'épouvante, et ne put s'endormir. Elle devenait romantique par excès d'infortune et se représentait dans l'ombre de la nuit cette Marie lui versant un poison préparé par M. Bergeret. L'aube dissipa ses terreurs confuses. Elle s'habilla avec quelque soin et se rendit, grave et douce, dans le cabinet de travail de M. Bergeret.

Elle y était si peu attendue qu'elle trouva la porte ouverte.

— Lucien ! Lucien ! dit-elle.

Elle invoqua les têtes innocentes de leurs trois filles. Elle pria, supplia, exprima des pensées justes sur l'état lamentable de la maison, promit d'être à l'avenir bonne, fidèle, économe, gracieuse. Mais M. Bergeret ne lui fit pas de réponse.

Elle s'agenouilla, sanglota, tordit ses bras, naguère impérieux. Il ne daigna rien voir ni rien entendre.

Elle lui montrait une Pouilly à ses pieds. Mais il prit son chapeau et sortit. Alors elle se redressa, courut à sa poursuite, le poing tendu, les lèvres retroussées, et lui cria de l'antichambre :

— Je ne vous ai jamais aimé, vous entendez? jamais, pas même quand je vous ai épousé! Vous êtes laid, vous êtes ridicule, et le reste. Et l'on sait dans toute la ville que vous n'êtes qu'un foutriquet... oui, un foutriquet...

Ce terme, qu'elle n'avait jamais entendu que dans la bouche du Pouilly du Dictionnaire, mort depuis plus de vingt ans, lui était revenu subitement et merveilleusement à l'esprit. Elle ne lui attribuait aucun sens précis. Mais il lui semblait extrêmement injurieux. Et elle jetait dans l'escalier ce cri :

— Foutriquet, foutriquet !

Ce fut le dernier effort de l'épouse. Quinze jours après cette entrevue, madame Bergeret parut, tranquille cette fois et résolue, devant M. Bergeret.

— Je ne peux plus y tenir, lui dit-elle. C'est vous qui l'aurez voulu. Je vais chez ma mère; vous m'y enverrez Marianne et Juliette. Je vous laisse Pauline...

Pauline était l'aînée ; elle ressemblait à son père pour qui elle avait de la sympathie.

— J'espère, ajouta madame Bergeret, que vous ferez à vos deux filles, que je garde avec moi, une pension convenable. Je ne demande rien pour moi.

En entendant ces paroles, en la voyant au point où il l'avait amenée par sa prudence et sa constance, M. Bergeret fit effort pour contenir sa joie, craignant, s'il la faisait paraître, que madame Bergeret ne renonçât à un arrangement qu'il trouvait si agréable.

Il ne répondit rien, mais il inclina la tête en signe de consentement.

FIN

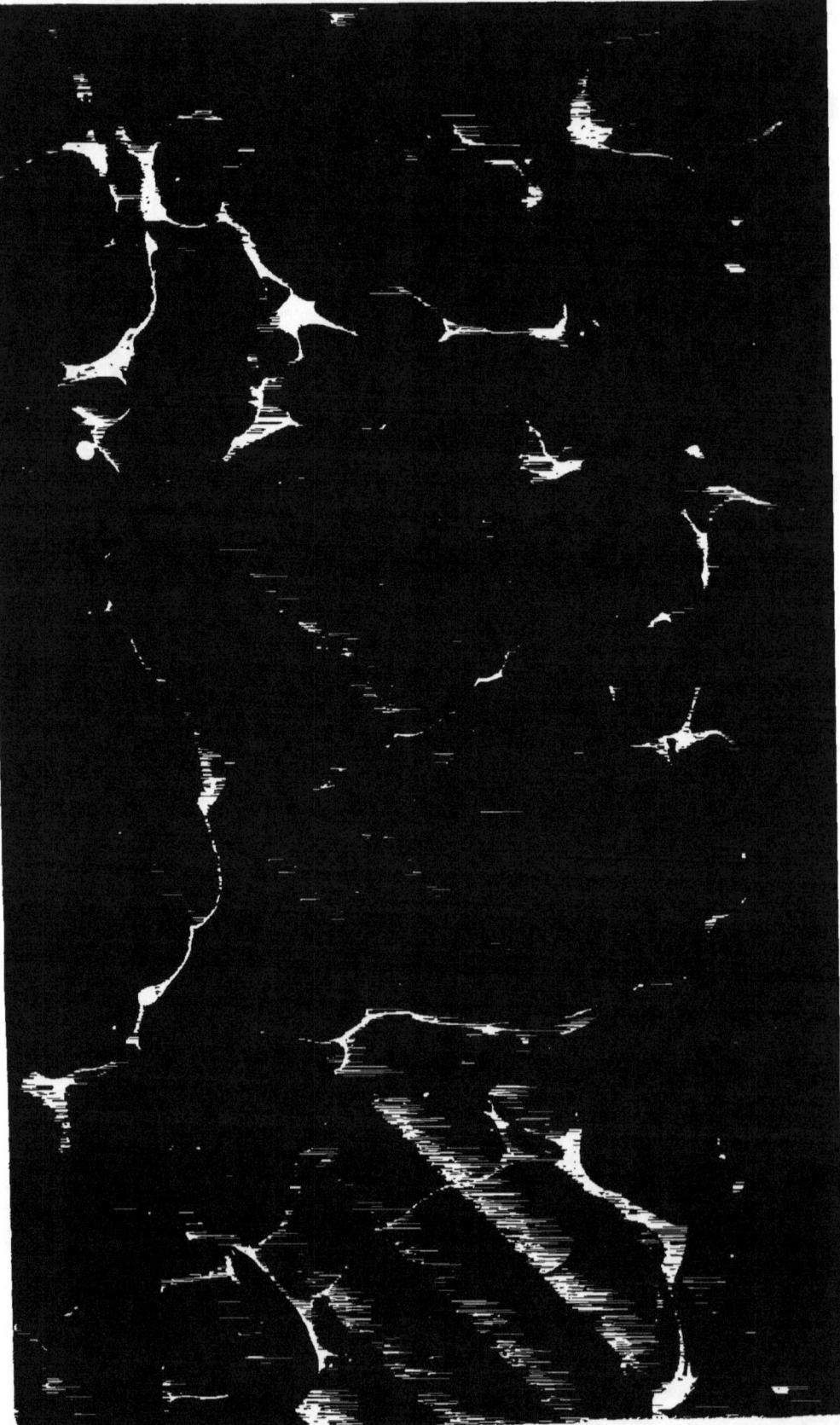

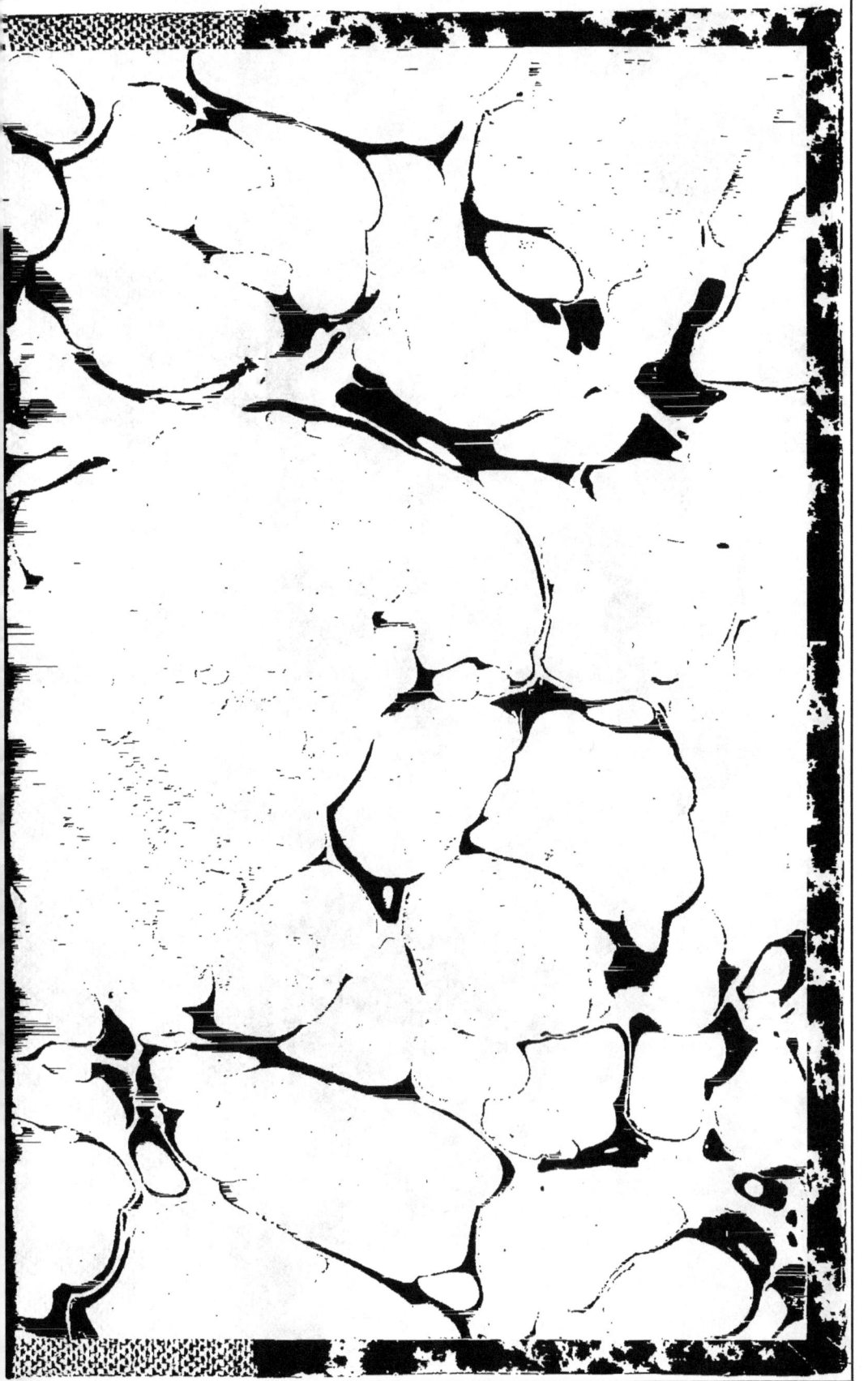

www.ingramcontent.com/pod-product-compliance
Lightning Source LLC
Chambersburg PA
CBHW050547170426
43201CB00011B/1593